1 THEME × MINUTE

わかる!! できる!! 売れる!!

販促の教科書

お客様の心をつかむ
販促のスペシャリスト
眞喜屋実行
Saneyuki Makiya

Subarusya

はじめに

お客様の心に届く販促をしよう！

こんにちは！ 本書を手に取ってくださり、ありがとうございます！

一生懸命に考えて販促をしても、どうもお客様に届かない。売上につながらない。どうしてだろう？ そんなふうに思うことはありませんか？

販促には「いい販促」と「悪い販促」があります。「いい販促」は、うまくいくと売上が上がり続けます。一方、「悪い販促」は、一度は売上が上がっても、またすぐに落ちてしまいます。結局、上辺だけの販促ではお客様の心に届かないため、成果に結びつかないのです。

販促とは、ひと言で言うと「お客様の行動スイッチをONにすること」です。具体的には、お客様に来店して頂いたり、購入して頂いたりするための「きっかけ」を提供することです。そして、その結果としてお客様にハッピーになって頂く。それが「いい販促」です。

では、お客様にハッピーになって頂く販促は、どうすればできるのでしょうか？ 今回は、そのための実践事項を65の項目にまとめました。お客様の心に届く販促とはどんなものなのか、本書を読めばわかって頂けると思います。先にお伝えしたいのは、「販促は難しいものではない」「お金ばかりがかかるものではない」ということです。ほんのちょっとの工夫、ほんの小さなひと手間で「いい販促」は実現できるのです。

この本では、様々なシーンを取り上げて、外してはいけない芯となる考え方と、すぐに実践できるような具体的なアイデアをまとめています。実は、自分で書いたものとは思えないほど、中身がぎゅっと詰まった本になりました。著者として、自信を持ってお勧めできる一冊です。ぜひ、一度読むだけではなく、うまくいかないなと思ったらいつでも何度でも読み返してください。本書を通じて、がんばるあなたのお力になれたらと願っています。

2013年5月　　　　　　　　　　　　眞喜屋　実行

販促の教科書 CONTENTS

hop

PROLOGUE 「販促」次第で、お店も商品も劇的に変わる!

PART 1 まずは知っておきたい「販促の基本」

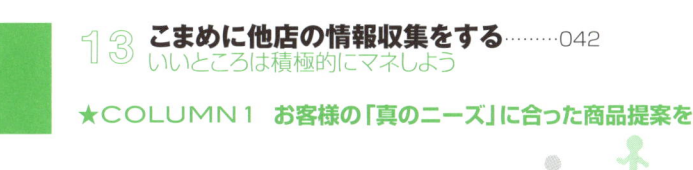

PART 3

買いたい！注文したい！を誘う「店内演出」

PART 4 リピーターを増やす!「効果的なしかけ」

PART 5

時間が経っても思い出す！「アプローチのしかた」

装丁・本文デザイン 石村紗貴子

図版制作 岩瀬のりひろ

PROLOGUE

「販促」次第で、お店も商品も劇的に変わる!

売り方、見せ方、ツール、接客サービス…etc.
同じ商品でも、“どう売るか”で売上が変わる!
これが販促の醍醐味です。

1

「効果的な販促」で売上アップ！

お客様に喜んで頂くことを第一に

販促ってなんだろう？

「販促」は、販売促進の略称です。言い換えれば、「売上が上がる取り組み」となります。これは、「来店客数が増えるような取り組み」や「購入点数が増えるような取り組み」であり、それには広告チラシやイベント、接客サービスなど様々な活動が含まれます。大切なことは、売上が多い・少ないをただ見るのではなく「何によって売上が上がるのか」をしっかり考えることです。

「売上」は、お客様が感じてくださった価値の総量

「売上」とは、お客様が購入・利用してくださったことによってお店に入ってくるお金です。お店から提供する商品やサービスに価値を感じてくださったお客様がお金を払ってくれる、言い換えれば「売上」は「お客様が感じてくださった価値の総量」なのです。つまり、売上が上がるということは、お客様に喜んで頂けた総量が増えるということ。よりたくさんのお客様が、より深く喜んで頂けた「結果」なのですね。そう考えると、販促とは、「お客様にもっともっと喜んで頂くための取り組み」ということができます。

目の前のお客様のために

目の前のお客様に喜んで頂くために、お店としてどんな努力や工夫ができるのか。これを一番に考えることで、より効果的な販促をすることができます。するとそれが結果として売上につながるのです。自店でできることは何か？ これから一緒に考えていきましょう。

お客様のための販促を

新キャンペーン
○○イベント
ポイントカード
メル
マガ
お客様に
喜んで頂く
ために…
何ができる
だろう…

hop

「お客様満足」の販促ができれば、
結果として売上につながる！

P.
1
2
3
4
5

2 「欲しい！」を高めるきっかけづくり

良さ、魅力、効果を最大限に伝える

販促にも「北風と太陽」は当てはまる

イソップ物語の「北風と太陽」を知っていますか？ この話は、販促にもぴったり当てはまります。北風が旅人のコートをはぎ取ろうとするように、お店がお客様のお金をはぎ取ろうとすればお客様は拒みます。太陽が旅人をぽかぽかと照らすように、お店がお客様に楽しんで頂けるよう環境を整えれば、お客様は自らの意思で行動してくれます。では、販促で「太陽」になるにはどうすればいいのでしょう。

商品やサービスの「良さ」を伝えよう

例えば、目の前に2つのおまんじゅうがあるとします。どちらも茶色でひと口サイズ、値段も同じで違いがわかりません。よく聞くと、左はごく普通のおまんじゅうですが、右は最高級の小豆を使い、創業200年の和菓子屋が職人の技術を詰め込んで作った一品とのこと。この情報を知ったら、右のほうが魅力的に感じますよね。どんなにいい商品・いいサービスでも、その良さを伝えなければお客様は他との見分けがつかないのです。伝わらなければ欲しくはならないのです。

「思わず買いたくなる」販促を

つまりは、お客様に商品やサービスの「良さ」「魅力」「効果」をちゃんと伝えることが大事。この部分を伝えずに「販促」をしても、お客様の「買いたい」気持ちを揺さぶることはできません。結局のところ、お客様の満足にはたどりつかないのです。お客様が思わず「欲しくなる」「試したくなる」販促をぜひ考えたいものですね。

魅力的なのはどっち？

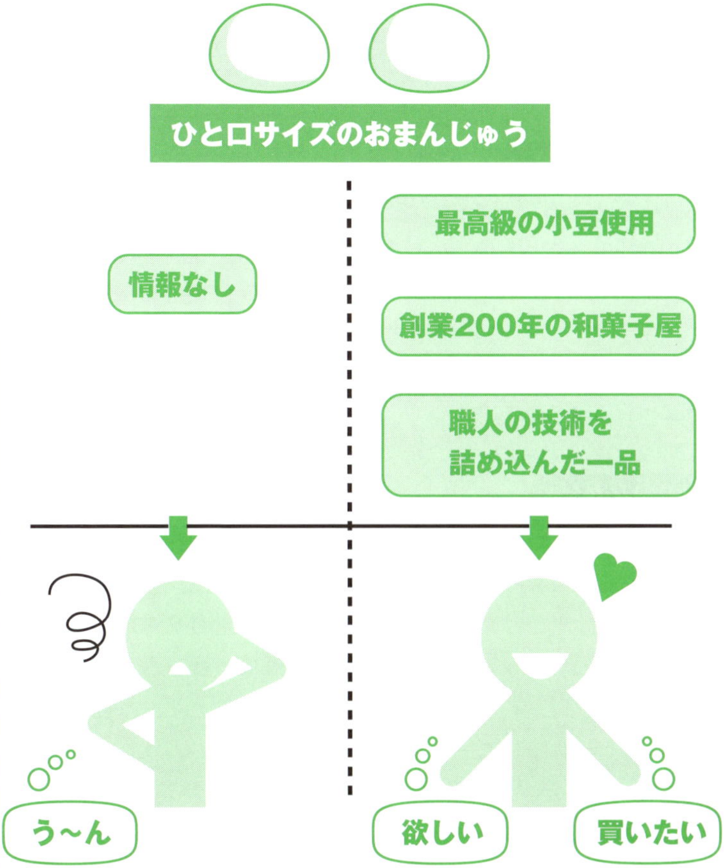
ひと口サイズのおまんじゅう
情報なし
最高級の小豆使用
創業200年の和菓子屋
職人の技術を
詰め込んだ一品
う～ん
欲しい
買いたい

hop

どんなにいい商品でも、
良さが伝わらなければ選ばれない！

P.
1
2
3
4
5

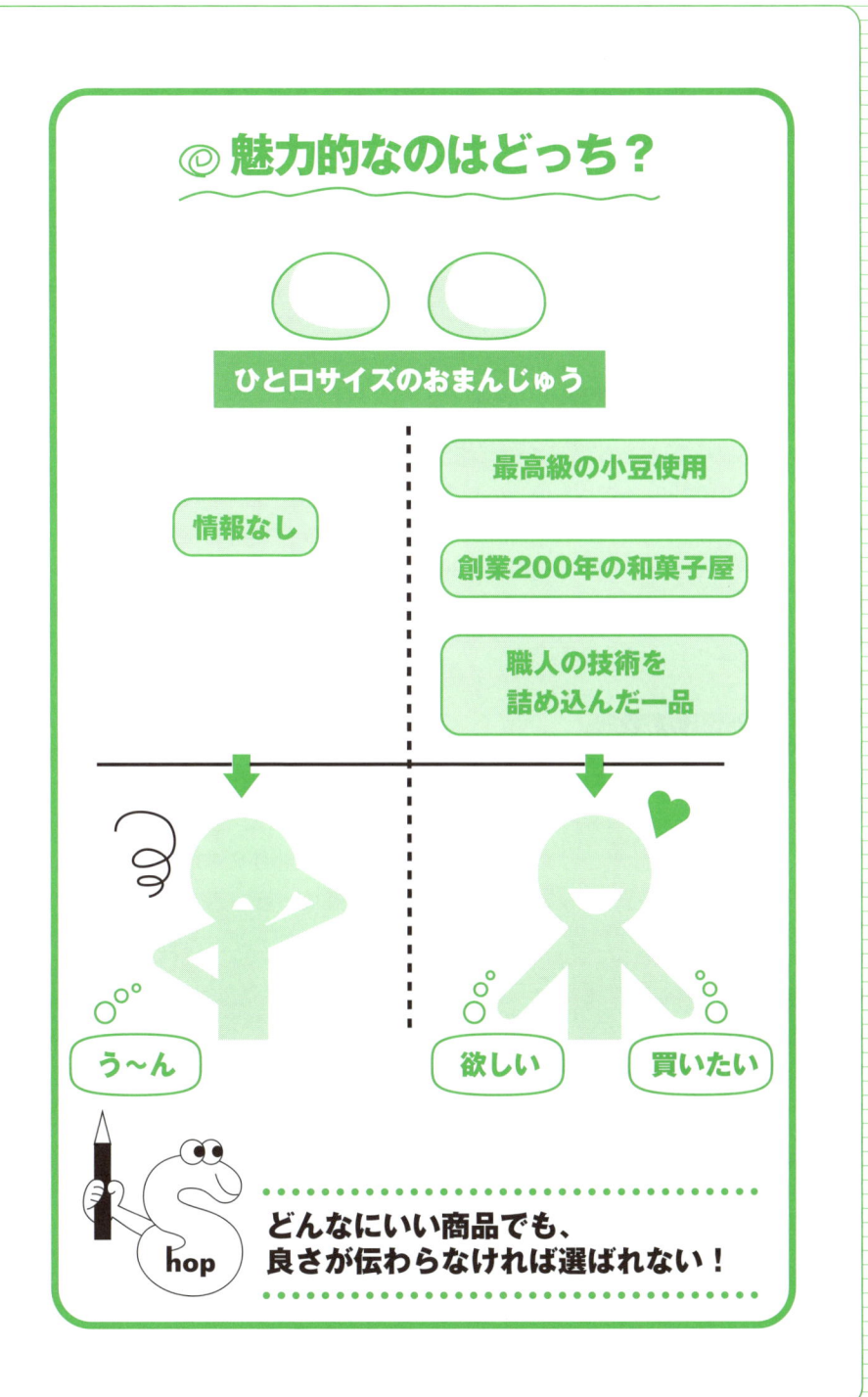

3 お客様と「つながる」意識を忘れずに

販促をする上で大切な「3つのつながり」

モノのつながり

お店のことを知ってもらったり、思い出してもらうためには、お客様の手元にお店の「モノ」が残っていないとなりません。広告チラシやニュースレター、DM、メールマガジンなど、お店に関係する「モノ」があることで、お客様はお店のことを思い出してくれたり、来店してくれるのです。目に見える「モノのつながり」は、お店とお客様をつなぐ大きな販促アイテムになります。

心のつながり

目には見えませんが、「心のつながり」も大切です。これは、「超大好き」とまでいかなくても「なんだかいいお店」「仲のいいスタッフがいるお店」というだけでも十分。少しでも心がつながっていれば、お店選びの候補に入れてもらえますし、複数あるお店の中から選ばれる理由にもなります。このつながりがあることで、お客様はお店からのアプローチにも気持ち良く応えてくれるでしょう。

記憶のつながり

例えば、お家に届いた一通のラブレター。差出人の名前は、なんとなく見覚えがあるけど、顔はぼんやり。いい人だったような気がするけど、どんな人だったかな…。これでは返事はできませんよね。このように、どんなにいいお店でも、どんなにいいサービスでも「記憶がぼんやり」ではお客様に思い出してもらうことはできません。ハッキリと記憶が残ってこそ、そのお店に行くかどうか判断できるのです。

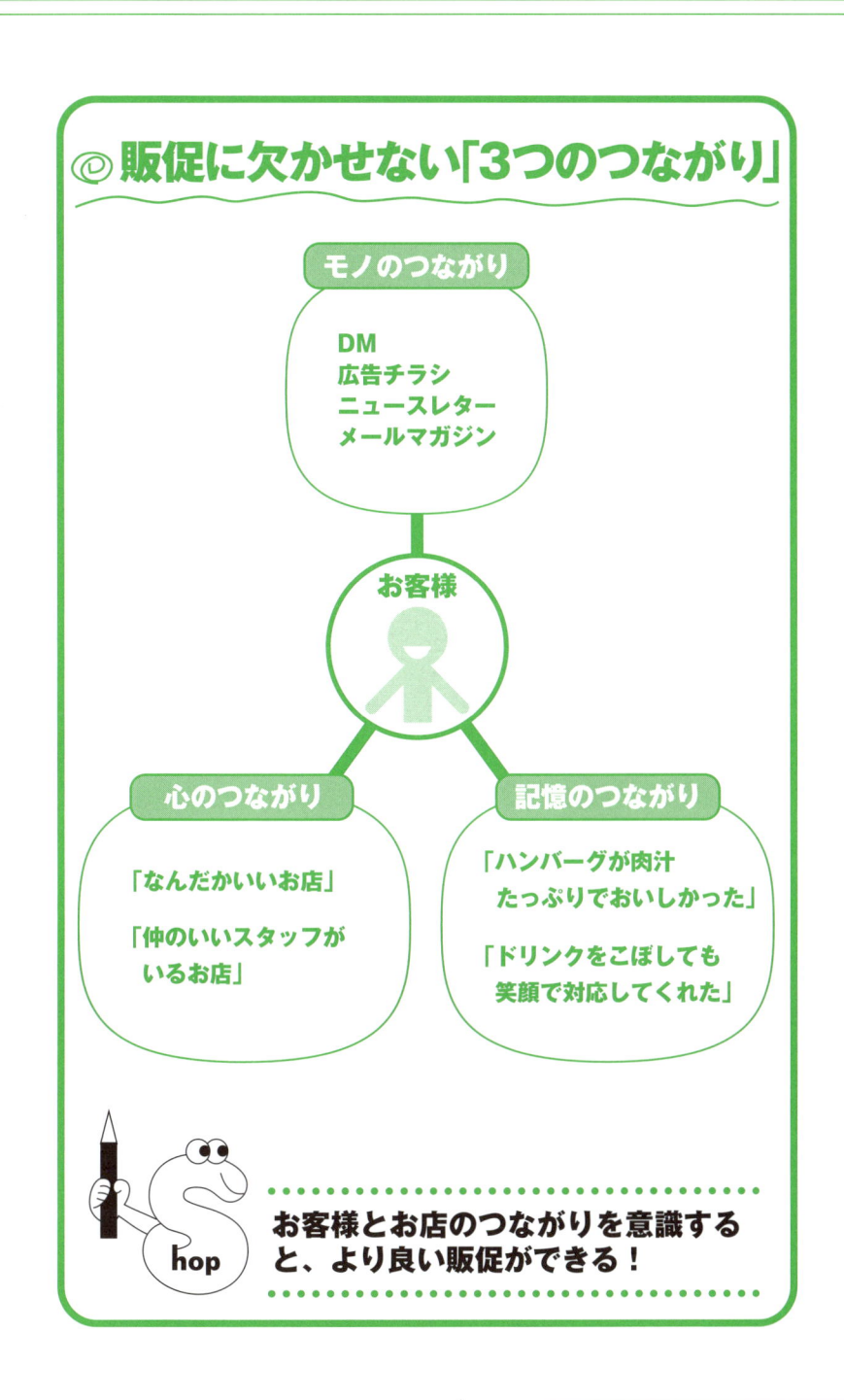

販促に欠かせない「3つのつながり」

モノのつながり

DM
広告チラシ
ニュースレター
メールマガジン

お客様

心のつながり

「なんだかいいお店」

「仲のいいスタッフがいるお店」

記憶のつながり

「ハンバーグが肉汁たっぷりでおいしかった」

「ドリンクをこぼしても笑顔で対応してくれた」

お客様とお店のつながりを意識すると、より良い販促ができる！

PART

1

まずは知っておきたい「販促の基本」

効果的な販促をするために、
はじめに覚えておきたい大切な基本があります!
まずはココから押さえていきましょう。

01 → → → 13

01

販促は「お客様目線」で考える

押さえておきたい基本中の基本

買うかどうかを決めるのは「お客様」

「売上が欲しいんです！」とあなたがいくら訴えたところで、お客様は何も買ってくれません。お客様にとって、お店の人が売りたいかどうかなんて関係ないのです。お客様が買うと決めるのは、「自分にとって役立つ」「自分が欲しい！　必要！」と判断したときです。決めるのは、あくまでお客様。お店ではないのです。

「うちのお店は…」ではお客様に届かない

まず、販促のアイデアを練るときには「お客様は…」を主語にして考えるようにしましょう。「うちのお店は、○○を売りたいからキャンペーンをしよう」「今月は売上が厳しいから、クーポンを発行しよう」など、お店を主語にした販促はお客様に届きません。「お客様は、そろそろ送別会のお店を選ぶ頃だろう」「冷え込んでいるから、お客様はきっと温かいものが欲しいだろう」のように、お客様を主語にして考えると、それだけで出てくるアイデアが変わってきます。

伝わるように意識する

お客様は、いつも自分のことばかりを考えています。仕事での出来事や楽しみにしている週末のデート、今度行われる歓迎会、など。残念なことに、お客様の頭の中にお店のことはほとんどありません。ですから、お店を主語にしてお客様に伝えても、まったく響かないのです。まずは、お客様のことを中心に考え、お客様に伝わるように意識することで、初めてお客様の心に届くものなのです。

◎どんな販促なら心に響く？

✕ 「お店」を主語にして考える

➡ お客様には届かない

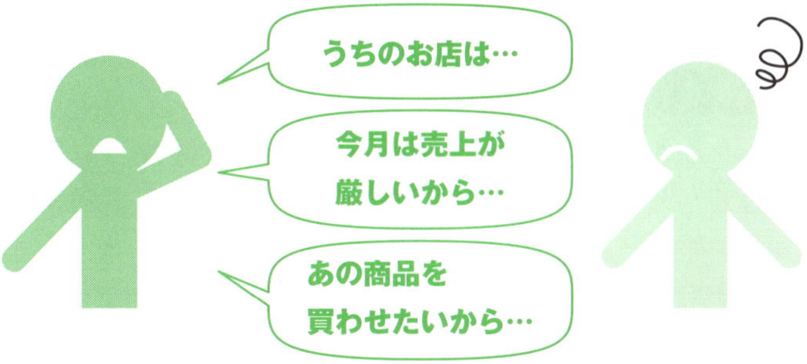
うちのお店は…
今月は売上が
厳しいから…
あの商品を
買わせたいから…

○ 「お客様」を主語にして考える

➡ お客様の心に届く

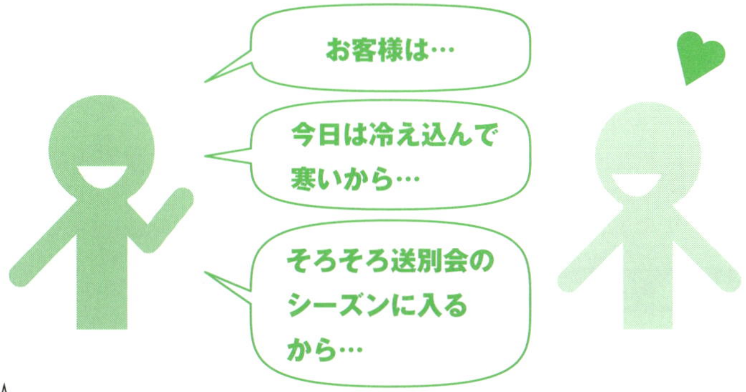
お客様は…
今日は冷え込んで
寒いから…
そろそろ送別会の
シーズンに入る
から…

Shop

「お客様」を主語にして考えることで、
販促が見違えるほど魅力的に！

02

選ばれるポイントは「スペック」と「人」

何を買うか？ 誰から買うか？

「スペック」が他より優れている

スペックとは、品質・素材・製造工程・立地・価格・ボリューム・サイズなど、商品を構成する要素を指します。これは、お客様が他のお店や商品と比較しやすい部分でもあります。スペックが他よりも優れていれば、お店や商品を「選ぶ理由」になりますね。

「信頼できる」と思われてこそ

では、スペックが周りのお店や商品と同じだったらどうなるでしょう？ お客様は比較が難しくなります。何を買うか・どんなサービスを利用するかが決まっているとなると、次に検討材料になるのが「誰から買うか」です。誰なら安心して購入することができるか、誰なら信頼できるサービスを受けられるか。この点が比較対象になります。お客様が「スペック」から「人」へと、判断基準を移すということですね。

「人の魅力」が伝わると選ぶ決め手になる

嫌いな人には会いたくないように、お客様がお店を選ぶ決め手は「好きかどうか」になることも多いのです。どんなにいい商品でも、どんなに質の高いサービスでも、嫌いなお店は選びません。多少のスペックの違いなら、逆転してしまう可能性もあります。「心を感じる」「醸し出す雰囲気が素敵」「いい人だと思える」「何か楽しいことを考えてくれている」など、人の魅力を最大限に伝える工夫をしてみましょう。すると、それがお客様の「選ぶ理由」になるのです。

お客様が選ぶ基準は？

スペック

- 品質
- 素材
- 製造工程
- 立地
- 価格
- ボリューム
- サイズ

…etc.

＋

人

- 醸し出す雰囲気が良い
- 一生懸命さが伝わる
- 何か面白いことを考えている

…etc.

“2つの要素” を高めることで、迷わず選んでもらえる！

03

お店のコンセプトを明確にする

お客様の満足度を高めるために

「ズレ販促」をしていませんか？

ピントがズレた販促をしていませんか？ “ズレ販促”には不幸な結末が待っています。例えば、地鶏が名物で、その調理法にもこだわった落ち着いた雰囲気のお店があるとします。売上が欲しいばかりに「激安＆ボリュームたっぷり」と書いたチラシを配布しました。すると、その広告を見て来店してくれるお客様は「安い・ボリュームがある」に引かれて来ます。その中には大勢で騒ぎたい学生さんもいるかもしれません。すると、「しっとりとお料理を楽しんでほしい」というお店のコンセプトに合わないお客様が来店されることになります。

「居心地の良さ」を重視する

そうなると、お客様が不幸です。騒いで楽しみたいのに入ってみたら違う雰囲気。これでは居心地が良くありません。もちろん満足度も下がります。さらに、お店にとっても不幸です。いつものお客様とは違う要望も増えますから、接客に手間がかかります。その余波で、他のお客様に迷惑をかけてしまうことにもなりかねません。

「一貫性」が何より大事

そうならないために、お店のコンセプトはしっかり伝えましょう。「何がウリなのか」「何をメインにしているのか」「どんな雰囲気なのか」。お客様により満足して頂くために先にコンセプトを伝えておくのです。チラシなどの販促物はもちろん、店頭ボードやスタッフの接客でも一貫して表現し、お客様に感じてもらうようにしましょう。

どんなお店なのかを伝える

ワイワイ楽しんでもらいたいなら…

激安！
ボリューム
たっぷり！

静かにゆっくり過ごしてもらいたいなら…

最高級の
地鶏を使用。
炭火で焼い
ています

hop

**先にコンセプトを伝えることで、
お客様とお店のミスマッチを防ぐ！**

04 「どんなお客様」に来て頂くかを決める

曖昧だと、いつまで経っても選ばれない

一人一人、嗜好は違う

家族の誕生日が近づき、食事をするレストランを探すとしましょう。どんなお店を探しますか？ 例えば、お母さんの誕生日であれば、キレイなフランス料理のレストランを選んだり、おじいちゃんなら、落ち着いた雰囲気の和食店を選んだり、食べざかりの息子なら、お腹いっぱい食べられるよう焼肉店を選ぶでしょう。このようにお客様によって好みはそれぞれ違います。なので、お客様の選ぶ方向性が違えば、どれだけ品質を上げても、選ばれないこともあるのです。

「お客様」をイメージする

「お客様を選ぶ」というわけではありませんが、お店に来て頂きたいお客様を始めにイメージしておくのは大事なことです。「誰でもいいから来てほしい」というスタンスだと、誰からも選ばれないということになりかねません。「どんなお客様に来て頂けたら、満足してもらえるのか」、それが明確であれば販促の際にも芯がブレません。

考えるべき10の要素

考えておきたいのは次の10の要素です。まず基本的な要素が5つ。①性別・年齢層、②家族構成、③地域、④職業、⑤所得層。どれもお店の雰囲気や並べる商品に関係することですね。さらに深堀りした個人的な要素が5つ。⑥趣味、⑦所属グループ、⑧悩み・コンプレックス、⑨欲しいもの・目標、⑩利用シーン、です。すべてを完璧に設定する必要はありませんが、考えてみることは大事です。

お客様を設定する10要素

基本的な要素

① **性別・年齢層：**男性・女性、20代・30代　…etc.

② **家族構成：**未婚・既婚、一人暮らし、子どもあり　…etc.

③ **地域：**住んでいる地域、働いている地域、足を運ぶ地域　…etc.

④ **職業：**学生、営業職、事務職、○○業　…etc.

⑤ **所得層：**低価格でしか買わない層、高価格でも買う層　…etc.

個人的な要素

⑥ **趣味：**スポーツ、音楽、○○ファン　…etc.

⑦ **所属グループ：**ママさんバレー、朝活グループ　…etc.

⑧ **悩み・コンプレックス：**お肌のこと、仕事のこと　…etc.

⑨ **欲しいもの・目標：**○○が欲しい、○○したい　…etc.

⑩ **利用シーン：**誕生日、卒業・入学、歓送迎会　…etc.

どんなお客様に来て頂きたいのか、明確にしておこう！

P.
1
2
3
4
5

05

お客様が来店する「3つのタイミング」

何がきっかけで来店するの？

「お客様自身」のタイミングで

お客様は主に「3つのタイミング」で来店してくださいます。まず１つめは、「お客様自身のタイミング」です。例えば、給料日だったから少し高級なお店に行く。腰が痛くなってきたからマッサージ店に行く。このように、お客様自身のタイミングで来店されるときには、他店や他商品と比較する中で選ばれる必要があります。

「お店」のタイミングで

2つめは、「お店のタイミング」です。例えば、メルマガでキャンペーンのお知らせが届いたことがきっかけでお店に行く。新商品発売の広告チラシを見たことがきっかけでお店に行く。SNSで今日入荷した商品の情報を知ったことがきっかけでお店に行く、など。お店がお客様に直接アプローチすることで来店のタイミングを作っているのです。これは、お店とお客様の「つながり」が活きるパターンです。販促活動としては、一番手ごたえを感じる部分かもしれませんね。

「知り合い」のタイミングで

お客様は、すべて自分の意思で来店するわけではありません。例えば、奥様が行きたいと言えば旦那様はその買い物について行くかもしれません。また、忘年会の幹事さんが決めたお店には、参加者全員が集まります。自分が選んだわけではないけれど、行くこともあるんですね。このようにお客様は「３つのタイミング」で来店します。どのタイミングで来店されるのかを考えて、手を打ちたいですね。

来店する「タイミング」に注目！

① お客様自身のタイミング

- 給料日だったから
- 腰が痛くなったから
- 髪を切りたくなったから
- 靴が壊れたから　…etc.

② お店のタイミング

- メルマガのキャンペーンを見て
- 新商品の広告チラシを見て
- SNSで情報を見て　…etc.

③ お客様の知り合いのタイミング

- 奥様の付き添いで
- 忘年会の付き合いで
- 友人に誘われて　…etc.

それぞれのタイミングに合わせた
販促をすることが大事！

06

「決裁者は誰なのか」を見極める

買うかどうかを決める人に、販促の焦点を当てる

一体誰が買うの？

お子様が「このおもちゃが欲しい〜！」といくら駄々をこねても、親が買うと決めなければ買ってもらえません。決めるお客様（決裁者）は誰か、その人は何を求めているのか、何を基準に決めるのか。それを把握した販促でなければ、購入には結びつきません。

「つかうお客様」と「決めるお客様」

お客様は「つかうお客様」と「決めるお客様」に分けることができます。前者は、ケーキを買った場合、それを食べるお客様です。一方後者は、どのお店にするか・どのケーキを買うかを決めるお客様です。このお客様は，決定権を持っている「決裁者」と言うことができます。お客様が自分自身でつかうものであれば、「つかうお客様＝決めるお客様」となりますが、贈り物や家族のためのものであれば「つかうお客様≠決めるお客様」となります。このような場合、販促では「決めるお客様（決裁者）」を中心に考えます。

「決裁者」の本音を汲み取る

例えば、送別会や誕生日会の場合、お店選びの決裁者は幹事様です。でも、その本音は、自分ではなく「主役に喜んでもらいたい」ですよね。ですから、この場合、お店を決める基準は「主役が満足できること」になります。「世界にひとつだけの名入れカード」や「花びらにメッセージをプリントしたバラの花束」など、主役目線の特典があるお店なら、幹事様が選ぶ理由になりますね。

買うのを決めるのは誰？

電車パズル 3,000
お子様も楽しめる！
大人気の知育玩具
決裁者
わー
あれ欲しい！
う～ん…
おお、
いいなぁ～

販促のポイント

- 何を求めている？
- 何を基準に決める？
- 何の情報を欲しがっている？

hop

「決裁者」が納得するような情報を提供しよう！

07

「買う理由」と「買わない理由」を理解

販促に活かす「ある・なし・ある」

「買う理由」が“ある”

子ども用のチョコレート菓子を30個も買ったのは、シールを集めるとおもちゃがもらえるから。急にトマトが食卓に並ぶ回数が増えたのは、テレビでその効能を紹介していたから。このように、お客様が来店する･利用する･購入するときには、その「理由」があります。「ただ欲しい」「役に立ちそう」だけでなく、「○○さんが勧めるから」「みんなが使っているから」「いつも行列ができているから」など、その状況や時期、流行に合わせた「買う理由」があるのです。

「買わない理由」は“ない”といい

コンサートに行きたいけど、その日は仕事があって行けない。すごく欲しい商品だけど、高くて手が出ない。このように、買いたいお客様の前には、いくつかのハードルがあります。「時間がないから」「遠いから」「別の用事が入っているから」「サイズが合わないから」「予算オーバーだから」「品切れだから」など、買わない理由が残っていると、買いたい商品でも買えません。「買わない理由」にも目を向けて、それをなくすための工夫をしましょう。

「今買うべき理由」が“ある”

最終的に買うかどうかの判断をしてもらうためには、「期間限定」「季節商品」「旬もの」「できたて」「数量限定」「時間限定」「回数限定」などの特別な要素が有効です。これらがあると、「今買う理由」ができ、その場で決断してもらえます。

◎お客様の「本当の気持ち」は？

お客様が「買う理由」

「○○さんが勧めるから」

「みんなが使っているから」

「いつも行列ができているから」　…etc.

お客様が「買わない理由」

「遠いから」

「時間がないから」

「サイズが合わないから」

「予算オーバーだから」　…etc.

お客様が「今買う理由」

「期間限定」

「季節商品」

「旬もの」

「できたて」　…etc.

「買う理由」「買わない理由」どちらにも目を向けてみよう

08

「買うかどうか」の判断回数を増やす

1回の判断を2回、3回にする方法

判断をしなければ、買わない

お客様が購入前に必ずしていること、それは「判断」です。「買うかどうか」「利用するかどうか」の判断を必ずしているのです。お客様に判断して頂くために何ができるか考えてみましょう。

「2段階方式」で、判断の回数を増やす

「判断」は、「この日までに」という期限が決まっているとしやすいもの。例えば、季節のキャンペーン商品を1カ月限定で販売するとします。すると購買のピークはキャンペーンの終盤にくることが多いのです。「今買うか、どうしよう？」と、終わりのタイミングを見ながら判断するのですね。そこで、判断回数を2回に増やすとどうなるでしょう？ 例えば、発売開始から2週間だけ「早期割引期間」にしてみるのです。すると、早期割引が終了するタイミングで「割引が終わるけど、どうしよう？」と一度判断して頂けます。そしてキャンペーンが終わるタイミングでもう一度判断して頂ける。つまり判断が2回に増えることで、購買の可能性も上がるということです。

「3週連続キャンペーン」で、判断回数を3倍に！

例えば、3つの新商品のキャンペーンを行うとき。3つの商品を一度に投入する方法がありますが、1つずつ投入する方法もあります。1週目はA、2週目はB、3週目はCというように。すると、お客様は1商品ずつフォーカスして判断することができます。別々に投入することで、1回の判断を、3回の判断に増やすことができるのです。

判断回数を2倍にする！

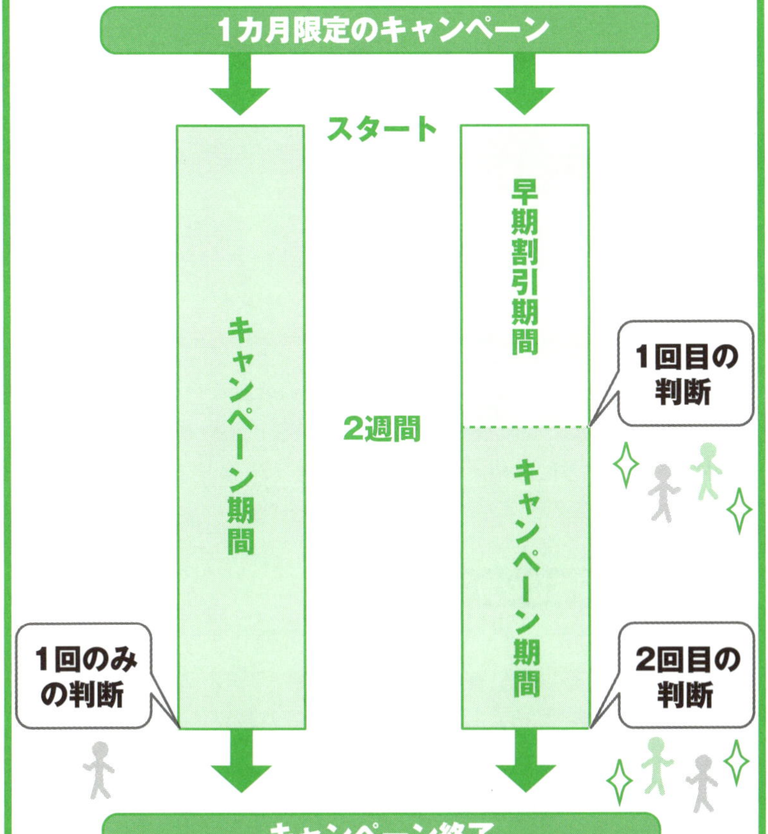

お客様に判断して頂く回数は、
多ければ多いほどいい！

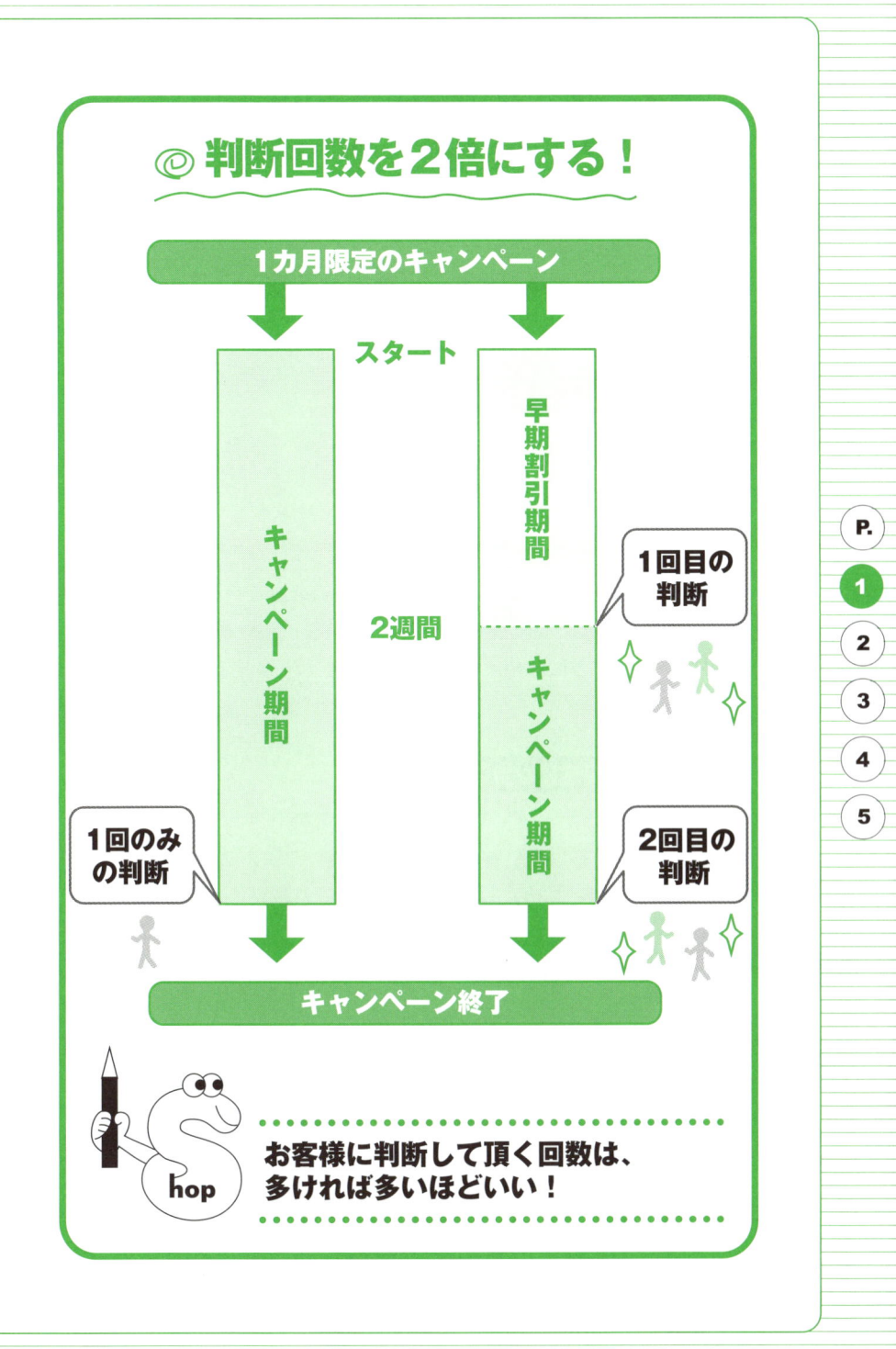

09

お店を「好き」になって頂くために

お客様の気持ちを動かすワンアクション

「心に触れる」と好きになる

販促においては、"好き" という感情がとても大事です。お客様にお店や商品を "好き" になってもらうには、いくつかのコツがあります。"好き" という感情は、「人の心を感じたとき」に起こりやすいもの。例えば、雨の日に買い物をした際、「今日は雨なのでいつもよりも多めに綴じておきました」と、買い物袋を渡されたらどうでしょう。スタッフの方の心配りを感じて、なんだか温かい気持ちになりますよね。このように、相手の心に触れると、心は温まり "好き" に近づくのです。

「面白い」と好きになる

「面白い」と思ったときにも"好き"という気持ちは動きます。例えば、焼き鳥の串に「あたり」と書いてあったり、コースターの裏に「今日の運勢」が書いてあったり。こういったものを見たら、何か面白いことを考えているお店だなと感じるでしょう。感性が合わないこともありますが、合えば "好き" に一歩近づきます。

「一生懸命」だと好きになる

毎日ぐーたらしている人が「お金持ちになりたい！」と叫んでも、応援したい気持ちは起きません。でも、目標に向かって毎日朝早くから日が暮れるまで練習に打ち込む野球部員は応援したくなります。「一生懸命さが伝わる」ことも "好き" の要素になります。自店で自慢できる "一生懸命" の部分を出す方法を考えてみましょう。

好きになってもらうひと工夫

雨の日にできるサービス

多めに綴じて
おきました

面白いちょっとしたサービス

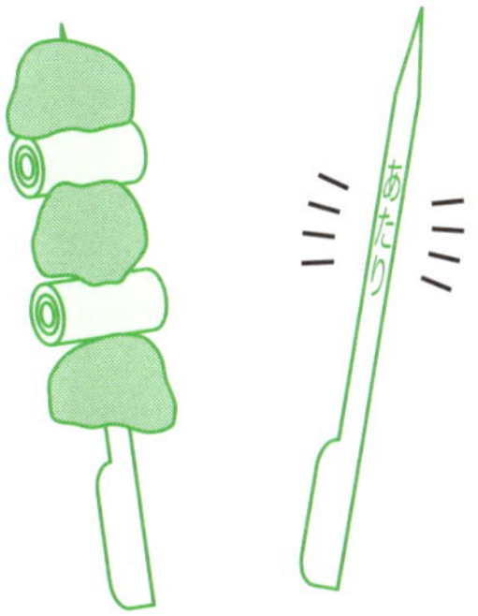
あたり

今日の運勢
コーヒーを飲むと
いいことが
起こりそう！

焼き鳥の串に
「あたり」の文字

コースターに
「今日の運勢」

hop

小さなひと手間で、最高のおもてなしを！

10

お金だけに頼らない販促をする

心から喜んでもらえるものを提供するのが一番！

値引きや特典に頼りすぎると…

値引きや特典に頼ると、来店するお客様の多くがそれ目当てになってしまいます。すると、クーポンサイトやチラシの反響率が下がったときに怖いサイクルにハマってしまうことがあります。「もっと値引きしないと来てくれない」と思って、値引き率をさらに高くしたり、特典をプラスしたり…とエスカレートしてしまうのです。

大金を使えばいいってもんじゃない

お店の広告をすると初めてのお客様が来てくれます。それは、お店にとってすごく嬉しいこと。でも、広告ばかりをあてにしていると、広告なしにはお店が成り立たなくなってしまいます。ですから、「広告を打って売上なんぼ」といったマネーゲームに簡単に乗るのはやめましょう。大金をかけなくてもできる販促はないか、そこを考えることから始めましょう。値引きや特典、広告が一番大切なのではなく、お客様に喜んでもらえるものを提供するのが一番なのです。

計画的な販促をしよう

かといって、お金（値引き・特典・広告）に頼った販促がすべてダメかというとそうではありません。新しいお店を出したり、新しい設備を導入したときなどは、まずお客様に知ってもらわなくては始まりません。ですから、少し大がかりな販促も必要です。どこに大きなお金を使うのか、通常はどのくらいに押さえるのか、計画的な販促をすることが大事ですね。

◎必要なときに、必要な販促を

✕ いつでも販促物にお金をかける

チラシ広告

高価特典

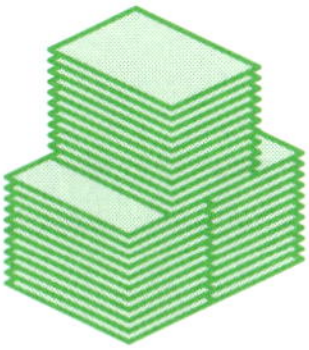

クーポン券

○ ここぞというときに計画的な販促をする

新しいお店を出店

新しい商品・機材を導入

なんでもかんでも「お金をかけた販促」ではナンセンス！

11

やってはいけない！販促のNG

こんなやり方ではチャンスを逃す

頭を使わない「安直販促」

やってはいけない販促があります。まず、「頭を使わない安直販促」。これは、「売上が下がったからクーポンを発券しよう」とか、「近くのお店が○○をやっているからウチでもやってみよう」など、何も考えずに販促をすることです。狙いがハッキリしていないクーポンの発券や値引きはＮＧです。仮に一度うまくいったとしても、次にはつながりません。「今回の販促では、何を狙いにするのか」「他店はどうしてうまくいっているのか」を考えてから実施しましょう。

お店目線の「させる販促」

「思い通りに客に買わせる」「客の心理を操って来店させる」という言葉は、魅力的に映るかもしれません。でも、お客様はそうは思っていません。あなた自身も、お客様の立場になったとき「お店の思い通りに買わされたい！」とか「思い通りに私を操って！」なんて思わないですよね。「させる販促」は、お店の勝手な独りよがりに過ぎません。このような視点で考えた販促は、一時的な売上は見込めるかもしれませんが、絶対に長続きしません。

言わずもがなの「ウソ・大げさ販促」

わざわざ言うまでもありませんが、ウソの販促や大げさな販促もしてはいけません。「売上が上がれば何でもいい」のではなく「お客様に喜んで頂く、楽しんで頂くこと」が第一です。本気で正直な販促をすることで、それに合った素敵なお客様が来てくださるでしょう。

あなたのお店は大丈夫？

安易なクーポン発券

買わせる接客

ウソや大げさな表現

お客様を動揺させるような販促は避けよう

12

季節の販促は早めに仕込んでおく

決まっている行事は、2カ月前には準備開始！

時間がかかるものは早めに準備

規模の大きな販促は、どうしても実施するまでに時間がかかります。「企画を立て」「商品を準備して」「名前やフェア名を決めて」「必要なツールを決めて」「デザインを考えて」「外注を手配して」「チラシを印刷して」「店内のツールを準備して」「配布・告知の段取りを整えて」「スタッフと情報共有して」など、多くの準備が必要です。ですから、少なくとも2カ月前、告知の期間を多く取るなら余裕を持って6カ月前から準備を始めるべきです。

中心となる季節の催しをチェック

毎年決まっている季節の催しは、しっかり押さえておきましょう。特に、バレンタインデー、母の日、父の日、ハロウィン、クリスマスなど、季節の中心となるイベントは、お客様の気持ちが盛り上がるタイミングでもあります。いつもは買わないお客様にも「買う理由」ができるこの時期を、逃さないようにしたいですね。

お店によって使い分けよう

お店によっては、中心となるイベントが変わります。例えば、子ども向けの商品が中心のお店であれば、節分、ひな祭り、こどもの日、夏休み、七五三といったイベントが大事になるでしょう。これに対し、OLさんが中心のお店の場合は、バレンタインデー、ゴールデンウィーク、ボーナス、忘年会などが大事なイベントになるかもしれません。お客様や扱う商品に合わせて、効果的な販促ができるといいですね。

計画的な販促をしよう

季節の行事の中で特に
中心となるイベント

1月：**お正月**（おみくじ・書き初め）、成人式、センター試験

2月：**節分**、**バレンタインデー**、花粉症、雪

3月：ひな祭り、**ホワイトデー**、卒業・卒園、送別会

4月：入学、歓迎会、新生活、お花見

5月：ゴールデンウィーク、こどもの日、**母の日**

6月：**父の日**、梅雨、お中元、ボーナス

7月：**七夕**、海の日、夏休み

8月：お盆、甲子園、夏休みの宿題

9月：敬老の日、お月見、お彼岸

10月：運動会、**ハロウィン**、○○の秋

11月：文化の日、七五三、ボージョレヌーボー、いい夫婦の日

12月：ボーナス、忘年会、**クリスマス**、大晦日、冬至

前もって「予約」を受け付ける
ものは、早めに準備しておこう！

お客様の気持ちが盛り上がる
このタイミングを逃さないように！

13

こまめに他店の情報収集をする

いいところは積極的にマネしよう

人気店には必ず理由がある

お店が儲かるのには理由があるように、お客様が集まるのにも必ず理由があります。ですから、お客様が集まる人気店には積極的に足を運びましょう。「どうしてお客様が集まるのか」「どんな点にお客様は喜んでいるのか」「どんなしかけが注目を集めているのか」「どんな言葉に心引かれるのか」「居心地が良いのはなぜなのか」など、ただ見るだけではなく、ほんの少し掘り下げて考えてみることが大切です。そして、気づいた点は積極的に自店にも取り入れましょう。

異業種も参考にしよう

同業種ばかりでなく、異業種のお店からも学ぶことはできます。高級レストラン、ディスカウントショップ、遊園地、ホテルなど、いろいろな業種を参考にしてみましょう。一見商売と関係がなさそうな市役所や警察署、政府関連の機関でも、自店に使えるネタが見つかるものです。まずは、「人が思わず動くポイント」を見つけて、その理由を探ってみましょう。それらは、必ず販促に活きてきます。

「その場で記録」が大事！

周りのいい情報を取り逃さないために、外出するときにはメモ帳を持ち歩きましょう。そして何かに気づいたり、面白いものを見かけたら、メモするだけでなく、可能であれば写真を撮りましょう。人は、いいなと思っていても時が経てば忘れてしまうものです。ですから、できる限りその場で記録を残しておくことが大切なのです。

日々の努力を欠かさずに

いろいろなお店に足を運ぶ

メモや写真で記録に残す

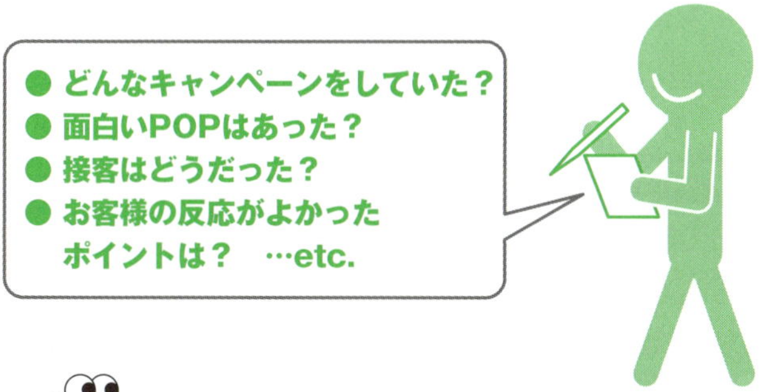
● どんなキャンペーンをしていた？
● 面白いPOPはあった？
● 接客はどうだった？
● お客様の反応がよかったポイントは？　…etc.

hop

いいところはどんどん取り入れ、より良いお店づくりをしよう

コラム1

COLUMN

お客様の「真のニーズ」に合った商品提案を

チャーシュー麺からチャーシューを抜いたら…

チャーシュー麺にチャーシューが入っていなければ、単なるラーメンです。これはチャーシュー麺ではありません。また、あんパンの中にあんこが入っていなければ、ただのパンです。これは、あんパンではありません。このように、商品には「中身」があってこそ成り立つものが多くあります。それなのに、その中身をなくしても成り立つものがあるってご存知ですか？

千歳飴の千歳飴抜き85円!?

それは何かと言うと「千歳飴」です。七五三のときに手にさげて写真を撮るあの千歳飴。これは、中身をなくしても商品として成り立っているのです。以前、11月にスーパーで「千歳飴の袋」が売られているのを見かけました。中身の飴はなく、千歳飴の袋のみ85円でした。一体どうして、袋だけなのでしょうか？

お客様に合わせた商品を

七五三の時期、子どもを持つ親なら、千歳飴を子どもの手にさげて記念写真を撮りたいという気持ちがあるでしょう。でも、千歳飴自体はなくても構わないという人が多いようです。「長くてどうせ食べきれないから飴はいらない」とのこと。そこで、「写真撮影用の袋だけが欲しい！」というお客様に合わせた商品が「袋だけ」ということです。袋があれば記念撮影には十分ですからね。中身がなくても成り立つもの。もしかしたら、身のまわりの商品で応用できそうなものがあるかもしれません。

PART

2

お客様が思わず入りたくなる!「店頭づくり」

お店を知って、商品を買って頂くには店頭が肝心!
お客様の「気になる!」「欲しい!」を引き出す、
効果的な販促テクニックを紹介します。

14

まずは「店頭の印象」が大事

お店の“顔”で、イメージが決まる

「第一印象」で手を抜かない

人の第一印象が見た目に影響されるように、お店の第一印象も店頭の見た目に影響されます。つまり店頭を見て、お客様はお店を判断するのです。いい雰囲気を感じたら思わず寄ってしまうし、イヤな雰囲気を感じたら足が遠のいてしまいます。お店の顔として、店頭の第一印象はとても大切です。

開店前のチェックを欠かさずに

まず、店頭がお店の顔であるなら、キレイに、清潔にしておきたいですね。だって顔を洗っていない状態でお客様に会うのは良くありませんね…。ですから、店頭も掃除をしてキレイにしておく必要があります。ゴミは落ちていないか、汚れているところはないか、しっかり整頓されているか、開店前には必ず確認しましょう。

お店に合った店頭にしよう

店頭のイメージは、お店のイメージも一緒に作ります。例えば、とても品質の高い靴を販売しているお店なのに、店頭に安そうなカバンが山積みになっていたら、お客様は「安いカバン屋さん」と勘違いしてしまうかもしれません。「どんなお店なのか」を判断するのに店頭のイメージはとっても重要。自店は、どんなお店に見られたいのか、どんなイメージを持って頂きたいのか、店頭でアピールする必要があります。“お店に合った店頭”をもう一度考えてみませんか？

店頭は毎日チェック！

看板はキレイに
磨いておこう
○○
店
商品は見やすく
整頓する
品質の良い靴
揃ってます
どんなお店か
すぐわかるように
店頭はキレイに。
ゴミが落ちてないか
要チェック！

hop

お客様が「入りたくなる」店構えにしよう！

15

「店頭ボード」で差をつける

単調になりがちだからこそアクセントを

表示面を見せて置く

「店頭ボード」とは、店頭に設置する黒板やコルクボードのことです。お店の前を通るお客様に、情報を届けることができます。お客様が最初に目にするものなので手抜きは禁物。まず、お客様の進行方向に向かって正面、もしくは斜めの向きに置きましょう。進行方向に対して平行に置くとなかなか気づかれないので、少しでも表示面を見せるようにします。

「スタッフのひと言」で毎日見てもらおう

ビジネス街や商店街の中など、お店の前を通るお客様がいつも同じ場合は、毎日新しい情報に更新したほうが見てもらえます。メインの内容はそのままに「スタッフのひと言ブログ」のような使い方がオススメです。「ラーメンに○○を入れるのがマイブームです」「最近、髪型を春らしくしました」など、ちょっとしたひと言を毎回変えるのです。ひと言であれば、そこまで負担にはならないでしょう。書かれている内容が毎日違えばお客様も目に留めてくれますし、続けていけば、それを楽しみにしてくれる“ファン”も出てくるはずです。

行動につながるフレーズを

一方で、お店の前を通るお客様が日々変わる場合は、その場でお店に入ってもらえるような内容が求められます。「本日のオススメ」「今月のフェア」「○○を入荷しました」「○○をお試しください」など、入店や購入など、お客様の行動に結びつく内容が必須です。

お客様に合わせた内容に

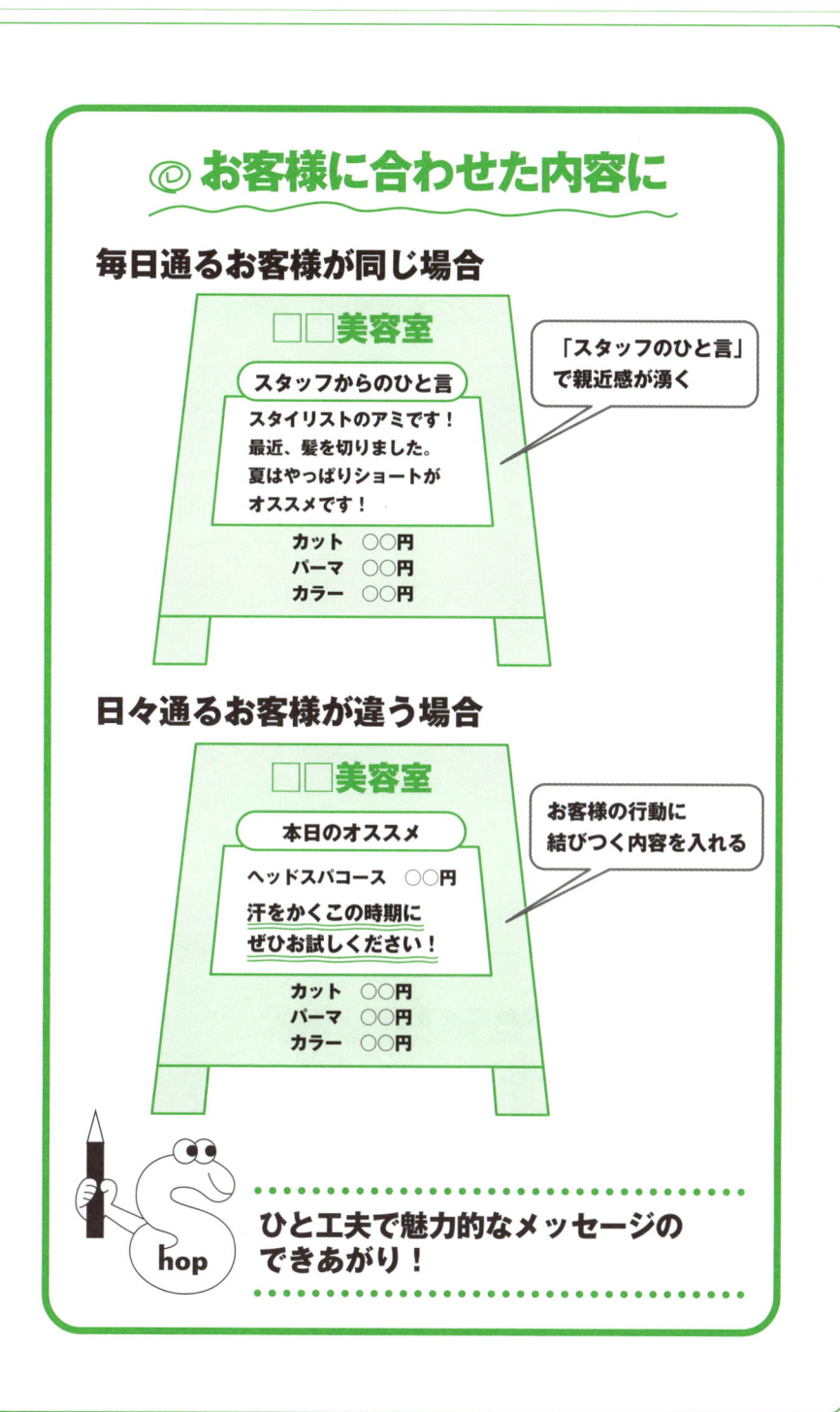

毎日通るお客様が同じ場合

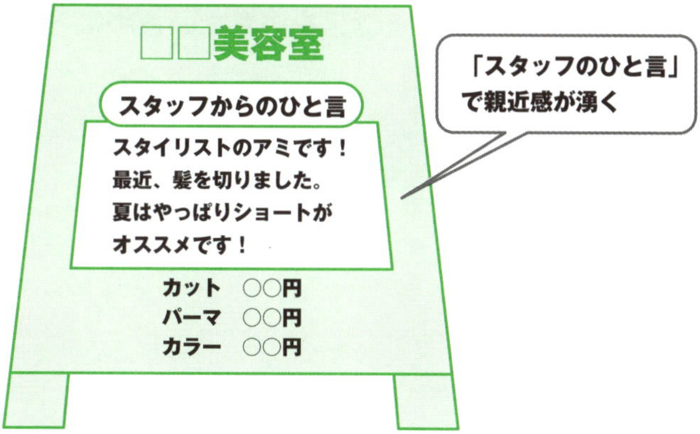

□□美容室
スタッフからのひと言
スタイリストのアミです！
最近、髪を切りました。
夏はやっぱりショートが
オススメです！
カット　○○円
パーマ　○○円
カラー　○○円
「スタッフのひと言」
で親近感が湧く

日々通るお客様が違う場合

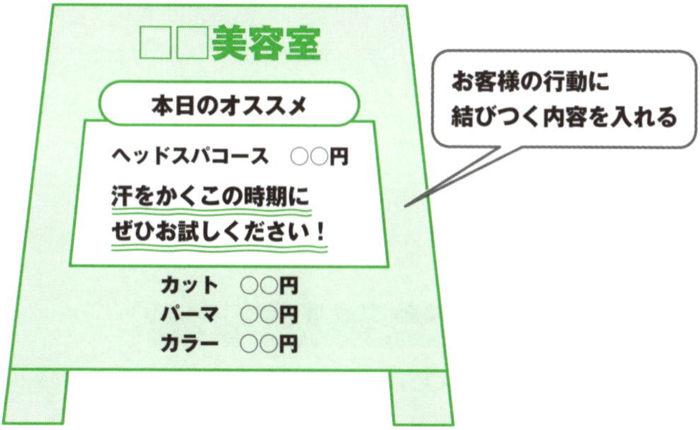

□□美容室
本日のオススメ
ヘッドスパコース　○○円
汗をかくこの時期に
ぜひお試しください！
カット　○○円
パーマ　○○円
カラー　○○円
お客様の行動に
結びつく内容を入れる

hop

ひと工夫で魅力的なメッセージの
できあがり！

16

ワンランク上の「店頭ボード」

お客様の入店チャンスを逃さないために

いくらかかるのかわからない…

価格は大切な要素です。価格が不明瞭なお店だと入店前のお客様は不安になります。「一体いくらかかるんだろう…」「オプションは高いのかな…」「初回は80% OFF って書いてあるけど2回目は…」など、お客様は不安に思ってしまいます。ですから、価格は店頭ボードで入店前にハッキリ伝えるのが基本です。

事前にお知らせをする

また、「混雑具合」もお店を選ぶひとつの要素です。例えば、店頭で「この店混んでそうだな」と感じたら、「別の店にしようかな」と思ってしまうもの。実際、奥の席がまだ空いていたとしても、外から見える範囲内で判断してしまうこともよくあります。なので、「奥の席空いてます」「○名様まで入れます」と店頭ボードで伝えることをオススメします。状況を「事前にお知らせする」ことが大切です。

お客様にプレッシャーを与えないように

かと言って、なんでもかんでもお客様のお世話をするのは考えものです。例えば、お店に入ろうと店内をのぞいてみたら、スタッフの方がこちらをじっと見てきました。これはかなりプレッシャーですね。店内に入ったら間違いなく話しかけられるだろうし、何か買わないと気まずいのでは…そう感じてしまいます。店頭ボードも接客も、余計なプレッシャーをかけすぎないことが大事。気配りはするけれど気を遣いすぎないことを心がけましょう。

入店前に伝えておくこと

「価格」をハッキリ伝える

「混雑具合」を先に伝える

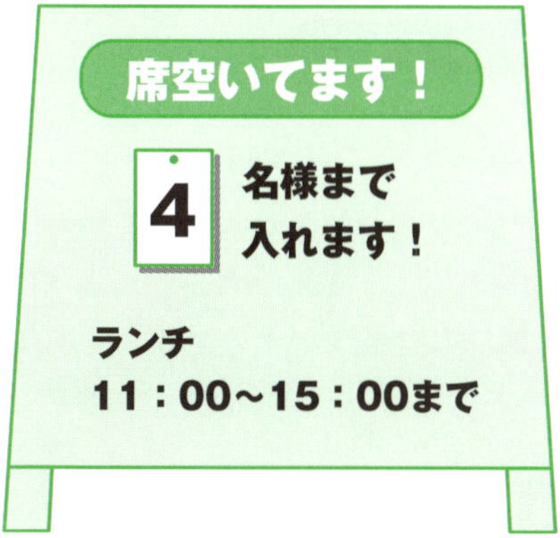

迷わず入店できるように、お客様の
不安を取り除こう！

17

「店頭POP」で効果的なアピールを

「1人席アリ」「お子様歓迎」「ペットOK」などを告知

「行けない」「買えない」を取り除く

例えば、焼肉屋さんなど数人で入ることが多い飲食店に女性が1人で入るのは、勇気がいりますよね。また、かわいい雑貨屋さんに、スーツを着た男性ビジネスマンが入るのも、ちょっと抵抗があるかもしれません。このように、お客様の中には「行きたいけど、行けない」「入りたいけど、入れない」という方がいます。つまり、販促においては、魅力を伝えるだけでは足りず、お客様の「行けない理由」「買えない理由」をできるだけ取り除くことも大切なのです。

1人でも入りやすい工夫を

小売店や美容室は1人で行くことが多いので、そこまで気になりませんが、居酒屋やレストランは2人以上のグループでの来店が多いため、1人だと入りづらさを感じるかもしれません。1人のお客様でも楽しめるお店にするのなら、1人用のテーブルを用意し、「お1人席あります」など、店頭POPで伝えることです。「お1人様も歓迎です！」を伝えることで、お客様の心理負担は軽くなるのです。

お子様やペット連れのお客様には…

お連れ様が気になる方もいるでしょう。例えば、落ち着いたお店に子どもを連れて行くのは気が引けますし、ペット連れの場合も、店内に入っていいのかなど気を遣ってしまいます。だからこそ、お店側が歓迎であれば、「お子様スペースを用意」「ワンちゃんもご一緒に」などの表示をしておくと、迷いなく安心して入店できますよね。

お客様の不安を解消！

1人では入りづらいお客様のために…

お1人席
あります！

お1人様
大歓迎です！

お子様やペット連れのお客様のために…

お子様スペースを
用意しています！

ワンちゃんも
ご一緒にどうぞ！

**これで「入っても大丈夫かな…」が
なくなる！**

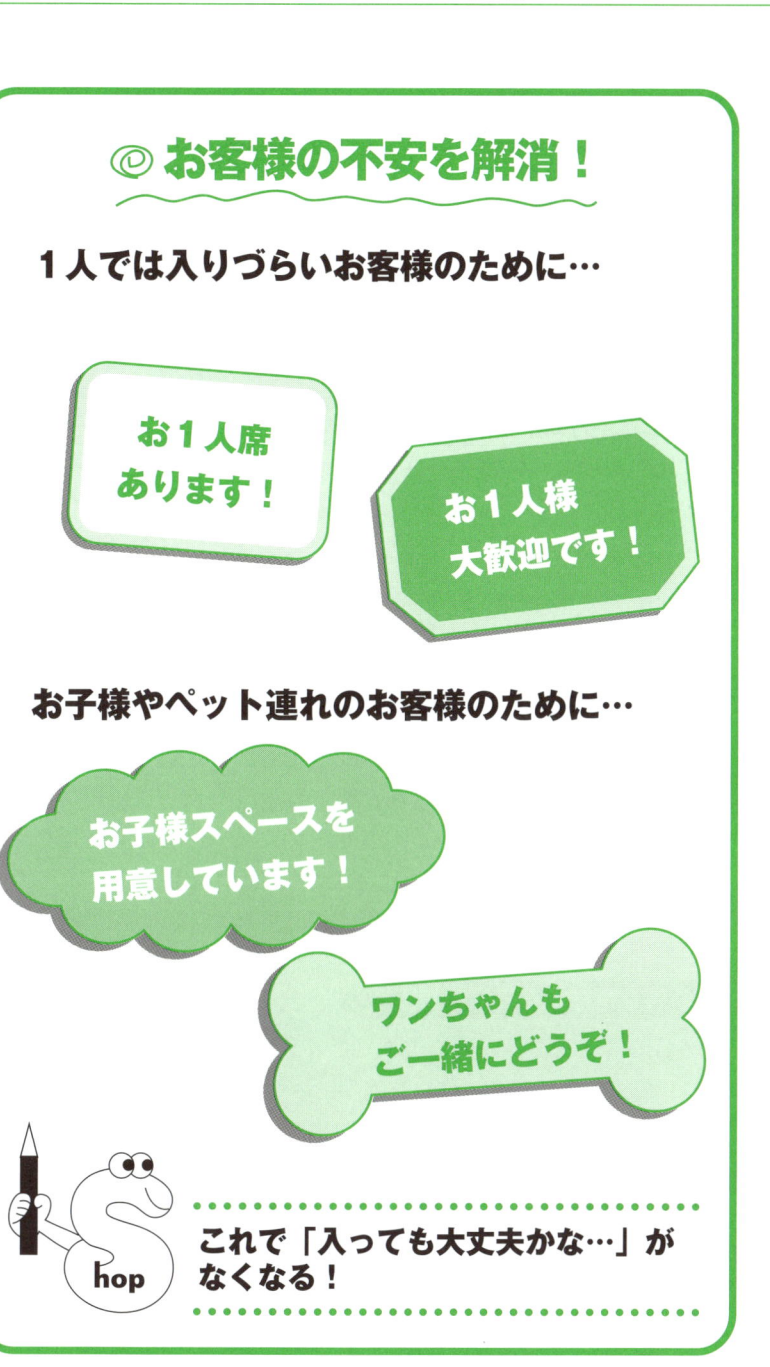

18

「店頭ディスプレイ」で興味をそそる

気になるアイテムで差をつけよう

「思わず入りたくなる」理由を作る

入店するつもりのないお客様に、入って頂くことはできないか。そのためには、何かしらの「入店する理由」を作らなければなりません。店頭で興味を持ち、思わずもっと見たくなって、そのまま店内に入ってしまった。そんな状況が望ましいですね。まずは、お客様に「目を留めて頂く」ために何ができるかを考えてみましょう。

「動き」と「顔」が効果大

では、人が注目しやすいモノとは何でしょう？ 特に効果的なのは「動いているモノ」「人や動物など顔のあるモノ」と言われています。店頭で「動き」を出す方法としては、動くぬいぐるみや蒸気を吹き出すラーメンのディスプレイなど。これらは、つい見てしまいますよね。「顔」を利用する方法としては、人形や店長の写真などが効果的です。

お店を象徴するモノを飾ろう

ある飲食店では、店頭に両手で抱えられないくらいの大きなキャベツが置いてあります。作りものではなく、本物のキャベツです。これがあるとイヤでも注目してしまいますよね。そして一目見ただけでキャベツがウリのお店だと理解できます。また、あるおそば屋さんでは、細かく砕いた「そばがら」を袋詰めして店頭に置いています。肥料として、欲しいお客様に無料で進呈しているそうです。実際にこれを欲しがるお客様は少数ですが、「そばがら」を提供しているという事実は、本格的なお店であることを暗に示していますよね。

「お店らしさ」を演出する

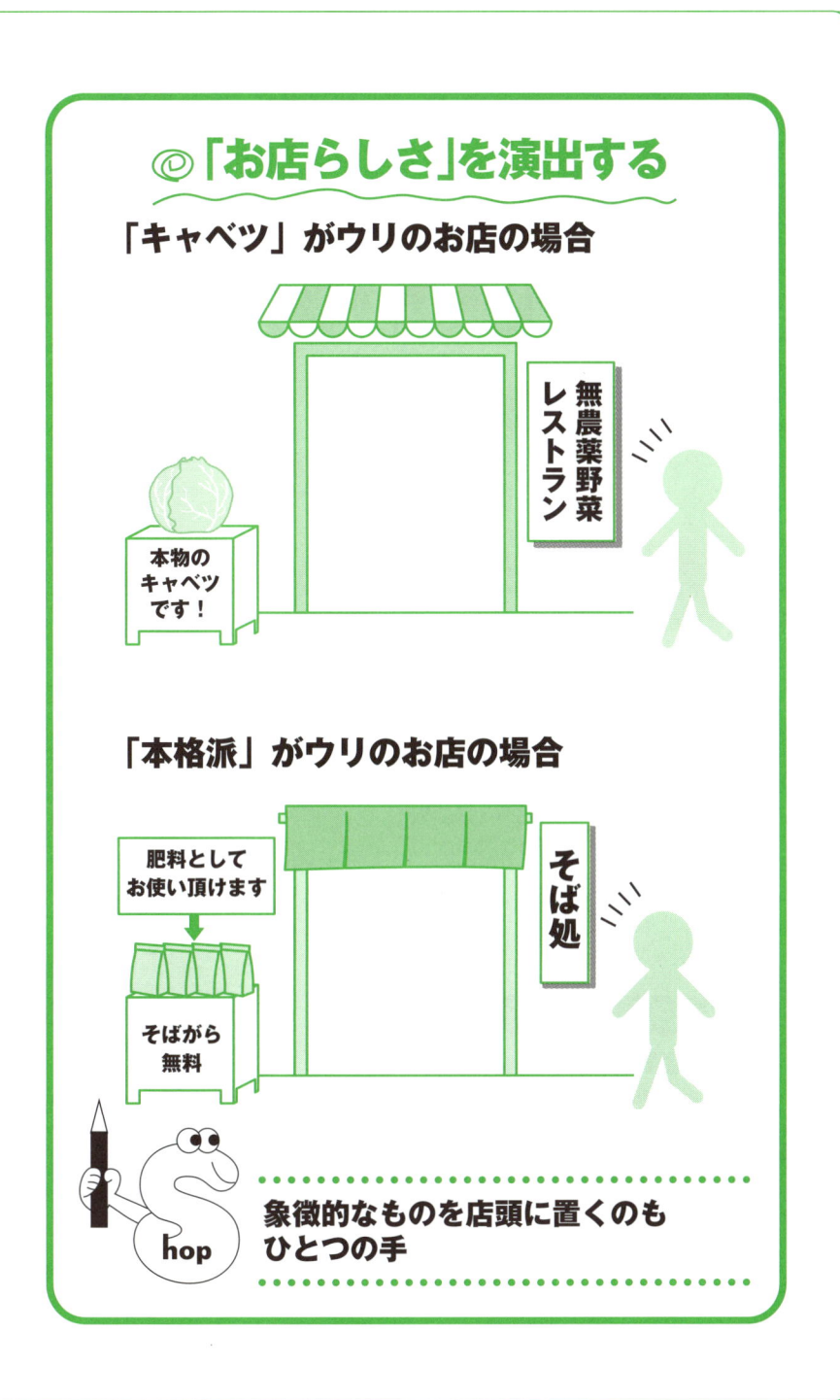

「キャベツ」がウリのお店の場合

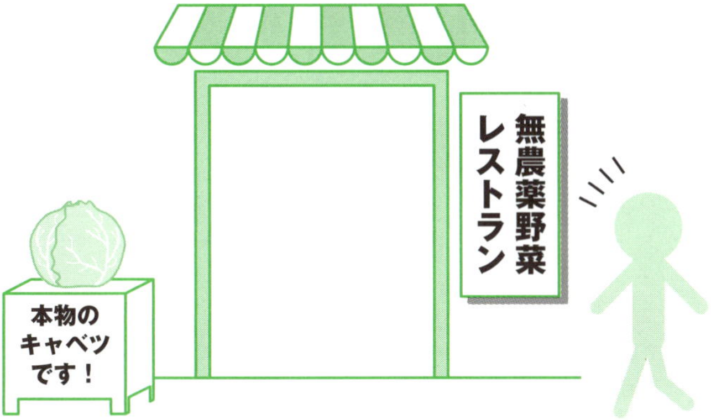

「本格派」がウリのお店の場合

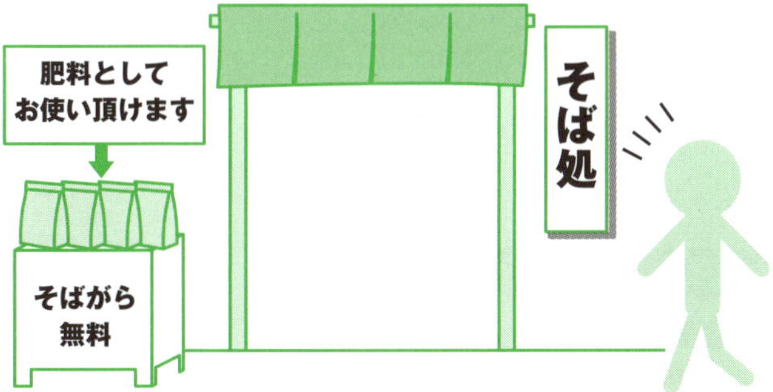

**象徴的なものを店頭に置くのも
ひとつの手**

19

目立つ「シンボル」を用意する

「○○なお店」と記憶に残るように

お店のシンボルはありますか？

シンデレラ城のモチーフを見たらディズニーランドを、カーネルおじさんを見たらケンタッキーフライドチキンを思い出します。ひと目見ただけでお店のことを思い出してしまう、そんなシンボルがあれば大成功ですね。それは、お客様の記憶に残っているということですし、誰かに説明するときのいい材料になるからです。

店頭に「かかし」がある居酒屋さん

ある居酒屋さんの店頭には「かかし」がいます。スタッフの方の手づくりで、道行く人も思わず見てしまいます。このようなシンボルがあると、お客様は「かかしのお店」と覚えやすくなります。また、このようにパッとわかりやすいシンボルがあると、知人から「どんなお店？」と聞かれたときにも「かかしのお店だよ」と説明しやすくなります。これだけで、お店のアピールは大成功ですね。

印象に残るお店づくり

また、店頭ではありませんが、お店の裏が竹林になっている飲食店があります。ここでは、お客様は竹林の風景を眺めながら食事を楽しむことができます。これも、ひとつのシンボルになります。マスコットのようなカタチではありませんが、他にはないお店独自の特徴です。これならお客様も「あの竹林のお店」と説明することができますよね。要は、お客様の頭の中に「○○（お店）と言えば□□」という記憶が残ることが大事なんですね。

「すぐにイメージできる」が大事

今日のお店
どこだっけ？
あの
「かかしのお店」
だよ！
居酒屋

hop

目につくアイテムが店頭にあると、印象に残りやすい

20

「模様替え」で目を引く工夫を

店頭で「季節感」を届けよう

人は季節を感じるものが好き

四季の変化が大きい日本では、みなさん季節を感じるのが好きなようです。春にお花見をしたり、秋に紅葉狩りをしたり。でも、お店は自然に任せておくだけでは、季節の衣替えはしてくれません。何もしなければ、ずっと同じままなのです。

「着せ替え」で季節感を演出

ケンタッキーフライドチキンの店頭では、カーネルおじさんが季節ごとに衣装を替えますね。カーネルおじさんが自ら着替えているわけではない…ですよね。スタッフの方が季節に合わせて替えている、それを感じるからこそ、お客様は季節を感じると同時に、スタッフの方の心も感じるのです。「着せ替え」は季節感を簡単に演出するひとつの手法です。クリスマスはサンタクロースの衣装、お正月は着物、節分は鬼のお面など…季節感で飽きさせない演出をしましょう。

費用もセンスも関係ナシ！

マスコットがいなければ、違う部分で季節感を出しましょう。店頭ボードに季節のイラストを描いたり、店頭に設置したテーブルやショーケースに100円ショップや雑貨屋さんで購入した季節のアイテムを並べるだけでも、グッと季節感が出ます。これらは、もちろん完成度が大切ですが、それよりも「季節感を演出しよう」というスタッフの方の心に、お客様は感動するのです。費用はあまりかけなくても、センスに自信がなくても、まずはチャレンジしてみましょう。

お客様の心に届く演出をしよう

クリスマスケーキ
ご予約承り中
クリスマスか～
ケーキ予約
しなきゃ
あ、また着替えてる！
スタッフの人
マメだなぁ～

Shop

季節ごとに店頭が変化することで、注目度も高まる！

21

店内へ誘導する「しかけ」を作る

「つい気になって入ってしまった」が理想的

「道しるべ」があるとスムーズ

板チョコを食べるとき、不思議と格子状の割れ目に沿って折ったり、かじったりしませんか？ 人は「道しるべ」があると自然とそれに沿って動くようです。店頭でも、それを応用してみましょう。例えば、店先や床のマットに、店内へ続く足あとを描いてみたり、店内をゆび指しているPOPを置いてみたり。そのような「道しるべ」があるとお客様の目や足はそちらに向きやすくなります。

店頭で「参加」「体験」できるしかけを

スーパーでの買い物中、試食のウインナーが体の前に差し出されたら、思わず手に取ってしまうことがありますよね。そして、手に取って口に入れたら、試食スタッフの話を少し聞いてしまいます。また、サンプルで置かれている爪磨きを使ってピカピカになったら、思わずその説明POPを読んでしまいます。お客様は自ら体を使って参加・体験すると、一歩お店の世界に近づいてくれます。ですので、それらを店頭で応用してみるのも一案ですね。

お客様の「気になる」を引き出そう

店頭でお店のことをちょっと気になっているお客様の背中を押すには、こんな「気になるひと言」が有効です。例えば、「店内には、商品○○の３つのバリエーションを用意しています」「店内右奥に、世界にひとつだけの木箱があります」などと書かれた案内が店頭にあれば、お客様の「気になる」気持ちを刺激することができます。

こんな「しかけ」があるといい

「足あと」で道しるべを作る

「指さし」で注目を集める

**お客様の「思わず入りたくなる」
気持ちを刺激！**

22 「店内の様子」はどこまで見せる？

見えないと「不安」。見えすぎると「恥ずかしい」

入ってみたいけれど…

街のはずれにある一軒のお寿司屋さん。店頭には看板やメニュー表は一切出ておらず、窓もないので外からは中の様子がわかりません。有名人もお忍びで来るようで、ウワサによるととてもおいしいらしい。ちょっと気になるお店ですが…1人で入るのはかなり不安ですよね。このお店に限らず、店内の様子がわからないと、お客様の足を遠ざけてしまうことがあります。

「見せる」「見せない」はバランス良く

窓がなかったり、入口が奥まっていて外から様子がわからない場合は、店頭に店内写真を貼ったり、動画を流したりするとお客様の安心材料になります。ただ、見えすぎるのも考えもの。お店が全面ガラス張りだとゆっくり時間を過ごしたいお客様にとっては落ち着けませんよね。ですので、お店の中の雰囲気は伝わるけれど、お客様一人一人のことは外からは見えない、そのくらいがいいでしょう。もし見え過ぎてしまう場合には、窓ガラスの一部に曇り加工をしたり、植物やついたて、陳列棚などで目隠しをしましょう。

「製造の場」を見せるのも一案

お客様のいる場だけでなく「製造の場」を見せるのもひとつの手。例えばキッチンがガラス張りで外から調理風景が見える飲食店があります。活気に溢れたコックさんの調理姿を見ることができたら、それがいい宣伝になり、お客様が安心して入店できる動機にもなります。

◎お客様への配慮を忘れずに

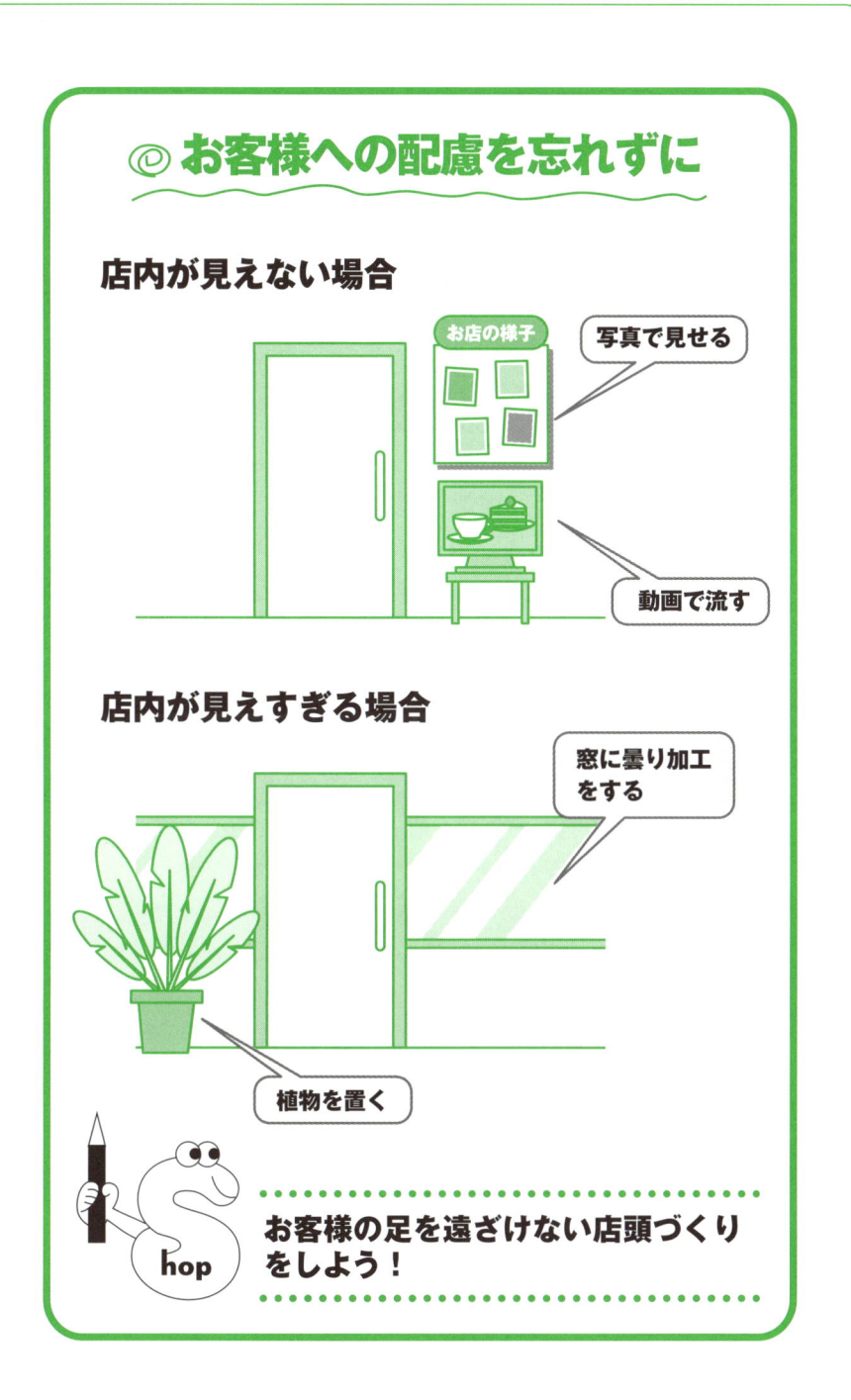

店内が見えない場合

店内が見えすぎる場合

お客様の足を遠ざけない店頭づくりをしよう！

23

「店頭販売」で購買率アップ

席数に左右されない、とっておきの秘策

簡易でも「専用窓口」があるといい

店頭販売は、お客様が店内では消費せずに、店頭のみで販売（購入）をすることです。店内で、通常のお客様の接客をしながら、合わせて店頭販売をするのもいいですが、店頭販売専用の窓口があったほうが、お客様は行動しやすくなります。「持ち帰り専用窓口」が店頭についていたり、店頭に簡易的なショーケースが置いてあれば、お客様は「持ち帰りできるんだ」と認識できます。店内に入るのが億劫なお客様にとっては、その負担を取り除く効果もあります。

憧れの青天井売上!?

どんな人気店にもキャパシティ（収容数）があります。特に席数が決まっている飲食店や美容室、マッサージ店などでは、席以上にお客様が入ることはできません。客単価が変わらなければ、売上は席数で上限が決まってしまいます。でも、店頭での持ち帰り販売には席数は無関係です。製造や商品保管、お客様対応のキャパシティには限界がありますが、席数以上の売上が見込める可能性があります。

すぐに持ち帰れる「セット」づくり

店頭の持ち帰り販売は、急いでいるお客様にも便利なサービスです。そのような方のために、一つ一つ選ばなくてもすぐに持ち帰れるよう「セット」を用意しておくのはいかがでしょう。「おみやげ３人分セット」「５個入りパック」など、買いやすいセットを用意しておくと、時間のないお客様も選択しやすくなります。

急いでいるお客様に便利！

「持ち帰り専用窓口」を用意する

「持ち帰りやすい」工夫をする

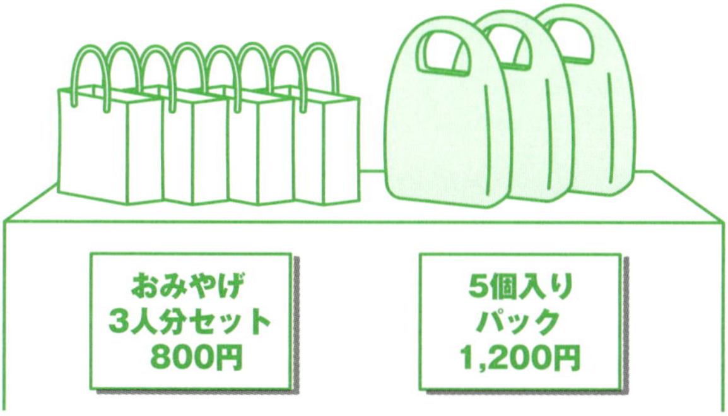

「すぐ買える」「選びやすい」が店頭販売のポイント！

24

お店に入らなくても持ち帰れるモノを準備

ここでは「手軽さ」が第一条件

「気になる」気持ちに応えよう

お店に入らなくても店頭で持ち帰ることができるモノを用意してみましょう。これは「今はお店に入る時間がないけどちょっと気になる」「今すぐにこの商品は必要ないけど何か気になる」、そんなお客様の「気になる」気持ちに応えるのに有効です。ここでは、「手軽に」持ち帰ってもらうためにはどうすればいいかを考えましょう。

内容は厳選。サイズは手軽さを重視

サッと持ち帰ってもらうには、「ショップカード」や「ニュースレター」が向いています。どんなお店なのか、どんなメニュー・商品があるのか、予約をするときのために電話番号や担当者名を載せておくのがいいでしょう。お店の雰囲気が伝わるように、商品や店長の写真やイラストなども効果的です。また、手軽に持って帰ってもらう工夫として、大きめのサイズよりも、お財布に入れられるようなカードサイズがいいですね。

その場で名前を書いてお渡しするのもアリ

また、誰でも持ち帰ることができるよう、店頭ボードにカゴを設置したり、店頭のショーケースの上に目立つように置いたりなどの工夫をしましょう。もしお客様へ直接お渡しすることができるのであれば、その場でスタッフがササッと自分の名前を書いてお渡しするのもいいですね。そうすれば、お客様との距離がグッと近づきます。

お店の情報は、もれなく入れる

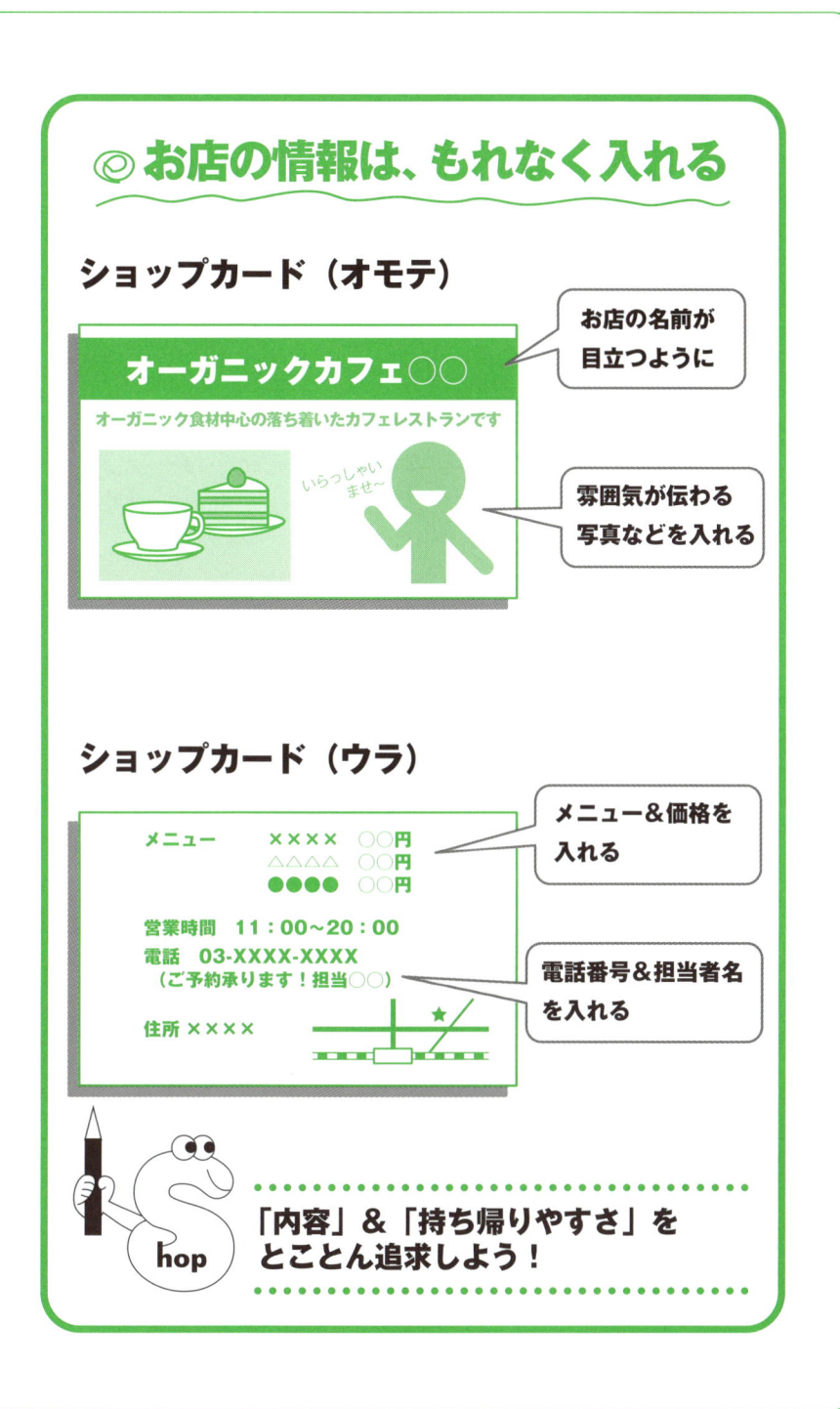

ショップカード（オモテ）

ショップカード（ウラ）

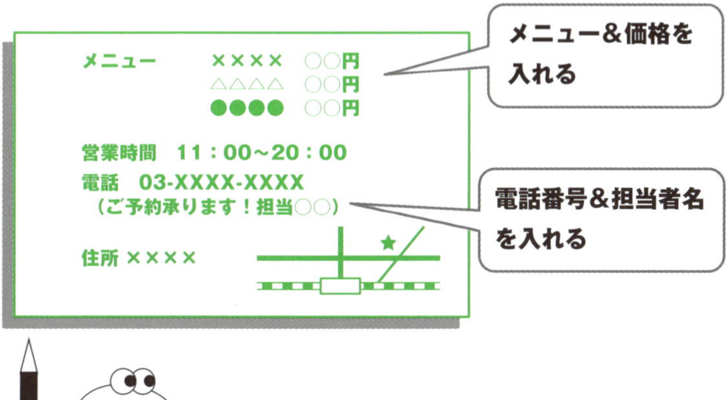

「内容」＆「持ち帰りやすさ」をとことん追求しよう！

25

チラシ配りでお店をアピール

渡し方、配布場所、声かけの上級テク

「体の向き」と「配る手」に注意

店頭でチラシを配るときには、体の使い方に気をつけましょう。ポイントは「体の向き」と「配る手」。お客様の進行方向に、体を開くような向きに立ち、お客様に近いほうの手で渡します。逆の手で渡そうとすると、手がクロスして肩や背中をお客様に向けることになってしまいます。そして忘れてはいけないのは、やはり「笑顔」と「目線」。お客様一人一人にお渡ししているという思いで配りましょう。

お客様には、受け取りやすいタイミングがある

店頭以外でお勧めしたい配布場所が「信号待ちのタイミング」です。実は、信号待ちの時間は何もしていない方が多いもの。歩いているときには無視する方でも、信号待ちのときなら受け取ってもらえる可能性が高まります。店頭以外の「配布場所」も考えてみましょう。

プレッシャーを減らそう

「お願いしま～す」と大きな声を出しても、お客様には受け取る理由がありません。お客様は、見ず知らずの人から必要のないものを受け取る理由などないのです。それを打開するためには、まず何を配布しているのかを明確にしましょう。「○○美容室のご案内です」「居酒屋のビール券です」などひと言添えるのがいいですね。また、「今」を求めないことも、お客様に負担をかけないポイントです。「次回の候補に入れてください」「チラシだけでももらってください」など、なるべくお客様のプレッシャーにならない配慮が大事です。

◎配るときのポイントは？

「体の向き」「配る手」「笑顔」「目線」に注意

「信号待ち」のタイミングなら受け取ってもらいやすい

ひと工夫で、受け取ってもらえる確率がアップする！

26

お店の場所を有効活用

路地裏でも、２階以上でも問題ナシ！

路面店が有利とは限らない!?

お店の立地で有利な場所は、大通りに面した路面店でしょうか？路地裏のお店は集客には不利でしょうか？ さらに、ビルの２階や３階にあるお店はもっと不利でしょうか？ 一般的にはそう言われますが、すべてに当てはまるわけではありません。路地裏やビルの２階のお店にも有利な点はあります。通常なら不利に映る「お客様から見えづらい」という点も、業種によってはプラスにはたらくのです。

コンセプトに合ったお店の場所

例えば、お客様がお店に入るところを見られたら恥ずかしいと思うお店（エステ、頭髪、お悩み相談系など）は、人目に触れない場所のほうが入りやすいでしょう。また、飲食店でも、外から食べているところやお店に入るところを見られたくないというお客様のために、あえて見えづらい場所に店舗を持つお店もあります。自店のコンセプトに合えば、路面店でなくてもお客様は来てくれます。

「不安」はできる限り取り除く

ビルの２階以上にあるお店の場合、通りから店内は見えません。ですので、一度も入ったことのないお客様にとっては店内の雰囲気がわからず不安です。そのようなお客様のために、ビル１階の壁面に、スタッフのプロフィールPOPやメッセージを一覧にして貼り出してみるのはいかがでしょうか？ お店の雰囲気を店頭で伝えることで、「入店時の不安を取り除く」ことはできるのです。

お店に入る前に情報を伝える

スタッフの人、
感じが良さそう
だなぁ～

店名だけでは不親切。
メニュー案内やスタッフの紹介を！

コラム2

COLUMN

ちょっとだけ視点を変えてみよう

固定観念にとらわれない

商品を仕入れたらお金を払う。お客様が商品を買ってくれたらお金をもらう。商売をしていたら当たり前に行う活動ですね。でも本当にそれは“当たり前”のことなのでしょうか？ 日々仕事をしていると、いつの間にか固定観念に縛られてしまうことがあります。

「エサやり体験」は革新的なサービス

サファリパークに行ったことはありますか？ 園内にはたくさんの動物がいて、間近で触れ合うことができます。ここでは、普段の商売の固定観念をひっくり返すようなサービスがあります。それは「動物のエサやり体験」です。実はこのサービスには“当たり前”を超えた発想が活きているのです。

経費も収入になる!?

本来、動物のエサはサファリパークの経費のはずです。また、エサをやるのは飼育員さんの仕事のはずです。サファリパークが負担するはずの経費や手間を、お客様があえてお金を払って体験しているのです（すべてを負担しているわけではありませんが）。これは、動物にエサをやるという「体験」が、価値を生み出しているんですね。もしかしたら、あなたのお店でも応用できるかもしれません。それがメインの商品にはならなくても、ひとつの収入源になるかもしれません。固定観念には縛られずに、日々新しいことを考えながら仕事をしたいですね！

PART

3

買いたい! 注文したい!を誘う「店内演出」

お客様が心から喜んでくれる店内とは?
居心地の良さ、雰囲気の良さ、見さすや、買いやすさ…
売上アップにつながる重要な販促テクニックを紹介します。

27 → → → 45

27

「記憶に残る」お店にしよう

具体的なエピソードが必須！

「ぼんやり記憶」になってない!?

来店の翌日、お客様が友人に「昨日のお店どうだった？」と聞かれたとしましょう。その答えが「うん…よかったよ」だったとしたら。「何がおいしかったの？」の答えが「う～ん…」だったとしたら、「また行きたい」とは思ってもらえません。これは、ぼんやりしていて具体的な記憶が残っていないからです。

「具体的な記憶」が残るといい

もし、お客様の頭に「具体的な記憶」が残っていたらどうなるでしょう。「ハンバーグを目の前で焼いてくれるんだよ！ 焼きたてでアツアツ。口に入れたら肉汁が溢れてくるんだ」と。これなら「また行きたい！」と思ってもらえるでしょうし、これを聞いた友人も「行ってみたい！」と思ってくれるかもしれません。これは具体的な記憶が残っているからこそ言える内容です。

「頭」「体」「心」の３つを意識

記憶には、「頭の記憶」「体の記憶」「心の記憶」の３つがあります。頭の記憶は、言葉で理解する記憶。商品名やその特徴をメニューブックで読んだり、スタッフの言葉を聞いたりして残る記憶です。体の記憶は、目で見たり、耳で聞いたり、舌で味わったり、指で触れたりして感じる記憶です。そして、この頭や体の記憶をもとに、「嬉しい」や「ドキドキ」などの感情が動くと「心の記憶」になるのです。どれも次につながる「具体的な記憶」ですので意識したいですね。

「3つの記憶」を意識しよう

「誰かに話したくなる」具体的な内容が理想的！

28

「POP」で購買意欲をかき立てる

お客様の判断を「手助け」しよう

POPは常に「お客様目線」で

「POP」は「Point Of Purchase advertising」の略で、日本語にすると「購買時点の広告」となります。「購買」の主語は「お客様」ですので、POPはお店が売るためでなく、お客様が買うための手助けとなるものです。どんな商品か、誰に向いている商品か、どんな効果が期待できるかなど、買うときに判断しやすくすることが目的です。

3種類のPOPを使い分けよう

POPの作成方法には3つの種類があり、それぞれお客様に伝わる印象が違います。お店の雰囲気などに合った作成方法を選びましょう。①手書き：一枚一枚スタッフの方が手書きする。人の温かみが伝わるものの、どうしても手間、時間がかかる。②パソコン作成：パソコンで作ったデータをプリンターで印刷する。読みやすく、かっちりした印象になる。手軽に制作することができるが、温かみは伝わりづらい。③ハイブリッド：手書きとパソコンを組み合わせたもの。イラストはデータを利用し、文字は手書きにするなど。作業効率を上げながらも、温かみを表現することができる。

「セリフ」や「感想」にするのも一案

POPに変化をつけたいときには発言者をズラしてみると印象が変わります。例えば、動物やマスコットのイラストをつけてセリフにすると目を引きます。それ以外にも、実際に利用した方の感想を入れるとお客様と同じ目線の言葉なので、受け入れやすい情報になります。

「買いたい気持ち」を後押し

POPで伝えたいこと

- どんな商品か
- 誰に向いている商品か
- どんな効果が期待できるか
- 他の商品とどう違うか

手書き

・スタッフが手書き

・温かみが伝わる

・手間、時間がかかる

…etc.

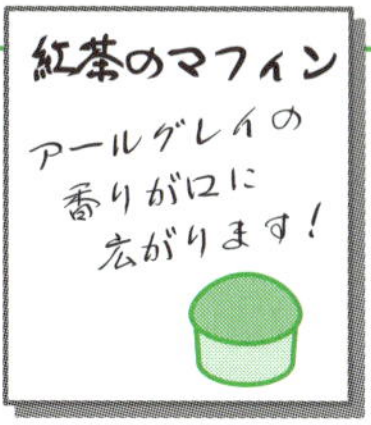
紅茶のマフィン
アールグレイの
香りが口に
広がります!

パソコン作成

・パソコンで作るので読みやすい

・手軽に制作できる

・温かみは伝わりづらい

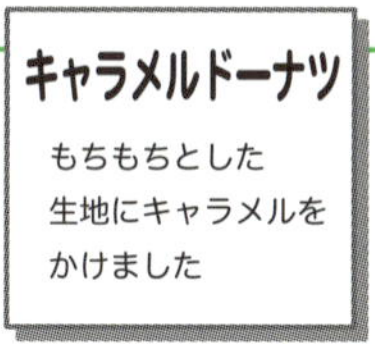
キャラメルドーナツ
もちもちとした
生地にキャラメルを
かけました

ハイブリッド

・手書きとパソコンを組み合わせたもの

・作業効率が上がるうえに温かみも出る

いちごの
シフォンケーキ
○○産いちごを
50個使用!!

hop

**ただ作るだけでは意味がない。
お客様の心に届くPOPにしよう！**

P.
1
2
3
4
5

29

「メニューブック」を工夫する

「ただ見る」から「魅せる」へ変身！

お客様がスムーズに注文できるように

メニューブックは、興味を持ったお客様に、商品のことを知って頂き、気に入ったものを選んで頂くためのツールです。それをスムーズにするのが役目です。「どんな商品があるのか」「お客様に合う商品はどれか」がポイントになります。お客様にわかりやすいよう、写真を掲載したり、使用している食材・調理工程（素材・製造工程）を表記し、商品を信頼して頂くことが大切です。

素材で「お店らしさ」を伝える

メニューブックの「素材」にも気を配ってみましょう。「なんとなく」や「他店でもそうだから」とパウチやビニール素材を選んでいませんか？ ある和食店では、和紙を使ってメニューブックを作っています。これは、柔らかい質感から「日本らしさ」を演出するためだそうです。また、焼いた杉の木を表紙にしているお店もあります。あなたのお店のコンセプトに合った「らしさ」を出す工夫をしてみましょう。

＋αのひと工夫

自店でパウチしたメニューでも、ちょっと付け加えることで“味”を出すことができます。例えば、「店長オススメ」「イチオシ」などのシールをメニューに貼るとポイントになりますね。また、厚紙などで小窓を作ってメニューブックに貼りつけるのも一案。商品を小窓の内側に隠すことで、「開けてみたい」という心理が働き、その商品に注目が集まります。ほんのひと手間で魅せるメニューブックが作れるのです。

メニューブックで差別化！

イメージしやすいように、調理工程を載せる
写真を載せる
目を引くポイントを載せる
使用している食材を載せる
MENU
トマトとバジルのパスタ　…○○円
○○県産トマトとフレッシュバジルのパスタです。バジルの香りが引き立つように、手ぎわよく調理しています。
トマト○○産
バジル○○産
ナスと大葉の和風パスタ　…○○円
旬の秋ナスと大葉をしょうゆベースで仕上げました。ナスの甘みを消さないよう薄めの味付けにしています。
店長オススメ！
ナス○○産
大葉○○産

hop

「お店らしさ」を演出して、注文につなげよう

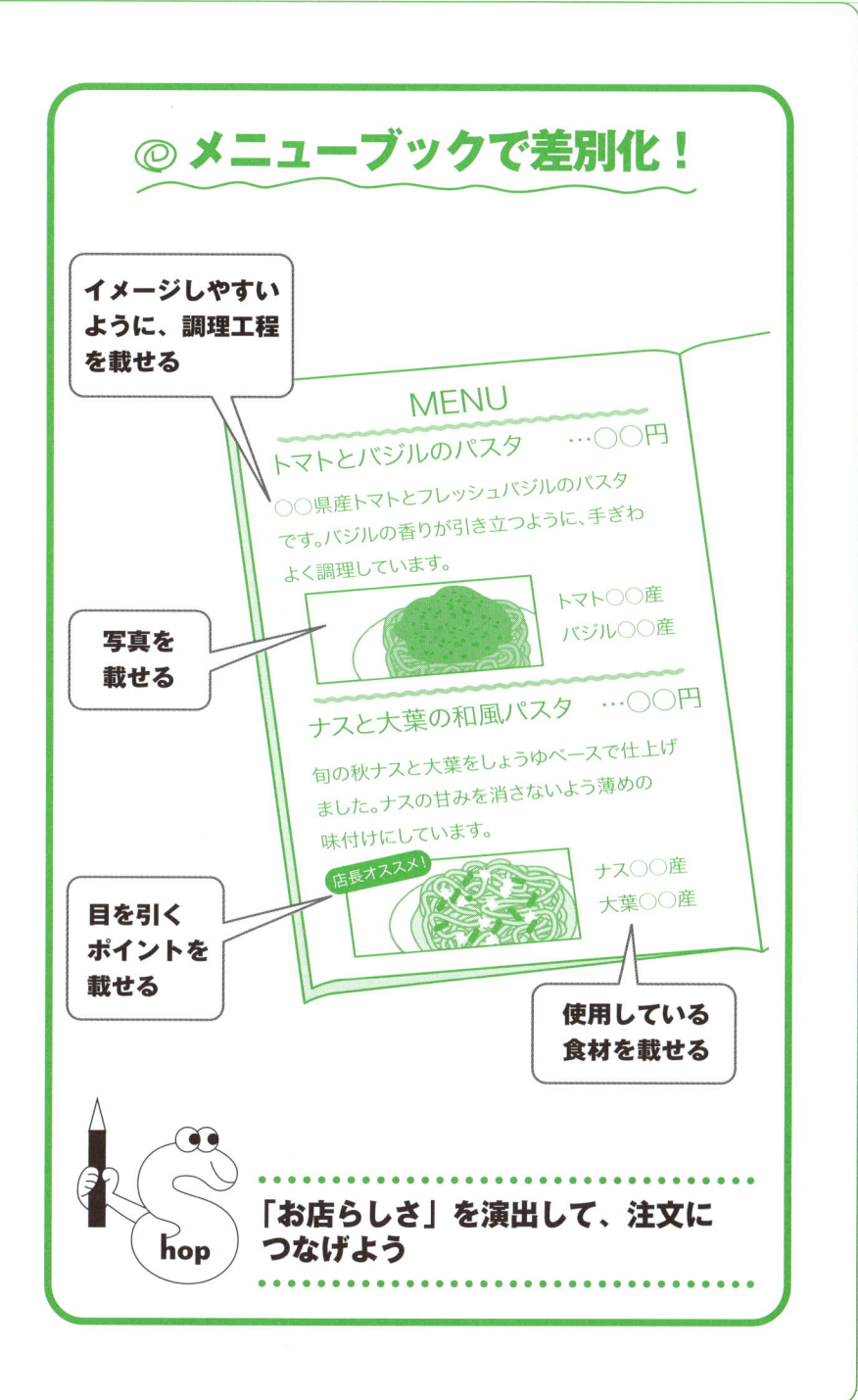

30

心に届く商品ネーミング

ひと言プラスするだけで印象が変わる！

理想のネーミング

「名は体を表す」という言葉があります。人は自分の名前の意味や由来を知ったとき、だんだんその名前が示すような人になっていくのかもしれません。商品も同じで、オリジナル商品の場合、一般名詞で簡単に名づけるのではなく想いを込めて名づけると、商品の魅力が引き立ち、理想とする商品に近づいていくことでしょう。

「ひと言＋一般名詞」で工夫

例えば、マッサージ店で「60分コース」と「肩こりスッキリ60分コース」の2つのコースがあるとします。あなたなら、どちらを選びますか？ 後者のほうがわかりやすいですよね。では、ドーナツ屋さんで「チョコドーナツ」と「濃厚ベルギーチョコドーナツ」の2種類があったらどうでしょう。また、スーパーで「トマト」と「○○県産○○農家の無農薬トマト」の2つがあったらどうでしょう。このように「ひと言＋一般名詞」にすることで、お客様の心に届くネーミングになるのです。

「たとえネーミング」もアリ

「たとえネーミング」という方法もあります。これを使うと、まだ知られていない商品でも、そのイメージをわかりやすく伝えることができます。例えば、「アイマスク」。「顔の一部を覆う」という機能が同じなので、「マスク」という言葉にたとえたネーミングにしていますね。「お客様にわかりやすく」の視点は、常に持っていたいものです。

わかりやすい商品名とは？

ひと言	＋	一般名詞
肩こりスッキリ	＋	60分コース
濃厚ベルギー	＋	チョコドーナツ
○○県産○○農家の無農薬	＋	トマト

「ひと言」がお客様の心に届く

ネーミング次第で、一般的な商品も魅力ある商品に生まれ変わる！

31

「キャッチコピー」の作り方

目に留まる言葉の組み合わせ

商品を知って、説明文を読んでもらうための入口

キャッチコピーの目的は、「商品を購入してもらうこと」ではありません。「商品を知ってもらうこと」「説明文を読んでもらうこと」が目的です。１～２行のキャッチコピーでお客様がすぐ購入を決めることはそうそうありません。きちんと情報を理解して頂いた結果、気に入ったら行動につながるものなのです。

ポイントは「知っている言葉」

次の２つの言葉では、どちらのほうがイメージしやすいですか？A：「今までにない、まったく新しいスイーツ」、B：「お餅をパイで包んだ、新しい食感のスイーツ」。恐らくBでしょう。Aは頭の中で「どのような」という具体的なイメージができません。一方Bは、「お餅」「パイ」というよく知られた言葉を使っているのでイメージしやすいのです。ポイントは、イメージできる「知っている言葉」を使うことです。

「知っている×知らない」で興味づくり

人の興味は、「知っている×知らない」の公式で表すことができます。「知っている」とは、頭でイメージできる部分。例えば、お店の名前、名物商品、一般的な商品、素材、地域など。「知らない」とは、興味の部分になります。例えば、新しいこと、変化すること、得すること、未来に起こることなど。これらを上手に組み合わせることで、お客様の興味を作ります。一例ですが、「鶏のから揚げ、バニラ味が登場！」「北海道から直送した、新種の毛ガニ！」などです。

「イメージできる」が大事

「知っている言葉」を使うことがポイント

お餅をパイで
包んだ
新食感スイーツ
サクサク、
もちもち

hop

**どんな商品か想像できるような
フレーズを考えよう！**

32

伝わる「説明文」のポイント

「ぼんやり」を「ハッキリ」に

文章でイメージがガラッと変わる

商品の説明文はとても重要です。例えば、「チーズケーキ」の説明文。どちらがより理解できますか？ A:「とっても濃厚なチーズケーキ。じっくりと丁寧に焼きあげた大人気商品です」、B：「オーストラリア産のクリームチーズを使用。湯煎でしっとりと焼きあげ、発売から6日間で100万個販売達成しました」。恐らくBですよね。言っている内容は同じようなことですが、言葉を変えると伝わり方も変わります。これは発売当時のローソンの「プレミアムぎゅっとクリームチーズ」の商品情報です。

「言葉選び」の大事な３つのポイント

説明文を考えるときには、３つのポイントがあります。それは、①具体的な言葉、②数字、③動きのある言葉、です。これを入れるだけで、相手に伝わりやすく、記憶にも残りやすい文章になります。①具体的な言葉とは、「オーストラリア産」「クリームチーズ」など、イメージができるもの。ただ「チーズケーキ」と言うよりもイメージしやすいですよね。②数字とは、「6日間」「100万個」など。数字は文字の中でも特別な存在であり、ぼんやりとしたものをハッキリさせることができます。「大人気」よりも「100万個」のほうがわかりやすいですよね。③動きのある言葉とは、「湯煎で焼く」「ぎゅっと」など。これは、頭に動画が映るイメージです。相手に伝わるようにするには、読んだ相手の頭の中で想像できることが大事。このように、３つを意識して考えてみると今までとは違った説明表現ができるはずです。

3つの要素でわかりやすく

① 具体的な言葉

ぼんやり → 具体的

「こだわりの」 → 「オーストラリア産の」

「おいしい」 → 「いちごの甘さが口に広がる」

「人気好評」 → 「モンドセレクション受賞」

…etc.

② 数字

「100万個販売」「50%以上配合」

「20種のスパイス」「10,000人が体験」

…etc.

③ 動きのある言葉

「湯煎で焼く」「ぎゅっと」

「ひと晩寝かせた」「足で踏んで」

…etc.

「伝わる説明文」は、「伝わる言葉」を選ぶことから始めよう

P.
1
2
3
4
5

33

信頼を勝ち取る「情報」をお届けする

お客様に「安心」を提供しよう

「情報」は「信頼」につながる

お店やスタッフの方の「情報」が伝わると、お店の「信頼」につながります。例えば、修行歴や勉強歴からは「頑張り屋、努力家」という性格が、趣味や好きな食べ物、休日の過ごし方などからは「人柄」が伝わります。店内のPOPや名札、メニューブックの空きスペースなど、お客様の目にする場所にこれらの情報が入っているといいですね。

「質の高さ」を伝える

「質が高い」ことも信頼につながります。ここでは３つの「質」を押さえておきましょう。①「商品の質」なら、品質や素材の良さ、ボリュームや価格を伝えます。②「お店の質」なら、品数の充実やスピード対応、製造環境の良さを伝えます。③「スタッフの質」なら、知識や経験の豊富さ、技術の高さを伝えることが有効です。

安心できる根拠や事実を提供

お店が持っているものばかりでなく、第三者が持っている客観的な情報も信頼につながります。実際に利用したお客様の声はそのひとつです。例えば、靴屋さんでスタッフが「すっごく履き心地が良いんですよ！」と言うよりも、「10年間愛用している方もいるんです」「わざわざ他県から買いに来られる方もいるんです」と、お客様の事実を伝えたほうが信憑性が増しますよね。このように、第三者の声や評価をお客様に伝えることで、安心材料を提供することができるのです。

3つの質の高さをアピール

① 商品の質

- 品質が高い
- 素材が良い
- ボリュームがある
- 価格が魅力的　…etc.

② お店の質

- 品数が豊富
- スピード対応
- 製造環境が整っている　…etc.

③ スタッフの質

- 知識が豊富
- 経験が豊富
- 技術が高い　…etc.

３つの質のバランスが良いと、
より信頼性が増す！

34

「ランキング」表示で悩まず買える！

「どうしよう？」が「これにしよう！」に変わる

人気だと知ると買いやすい

20人の行列ができているケーキ屋さんと、ガラガラのケーキ屋さんでは、どちらがおいしそうに感じますか？ 情報が何もなければ、行列があるほうでしょう。人が集まるのには何かしらの理由があります。そのことをお客様も知っているから安心できるのです。また、お店の中にも人気商品はあります。「人気商品ランキング」をPOPにして掲示しておけば、迷わず商品を購入できます。特に商品のことをあまり知らないお客様にとっては、選ぶ理由になります。

「選び方」の提案で、購買をサポート

「選び方」の提案も有効です。例えば、花粉症の時期に、ドラッグストアで目薬の効能一覧があったらどうでしょう。商品Aは、炎症抑えは◎で、かゆみ止めは○。商品Bは、炎症抑えは◎で、かゆみ止めは△など。似た商品が並んでいてわかりづらいときには選択の手助けになります。また、靴を購入する際「選ぶポイント」が示してあるのも嬉しいですね。「かかとはフィットしていますか？」「横幅はきつくないですか？」とあれば自分で確認しながら選べます。

「買う理由」を一緒に載せる

ランキングと一緒に「買う理由」を伝えることも大事です。例えば、コーヒーには眠気防止の他に、焙煎具合により「集中力アップ」や「リラックス」の効能があります。「お仕事をがんばっているお父さんの集中力アップ」といった情報を一緒に伝えれば買う理由が生まれますね。

お客様の迷いをなくそう！

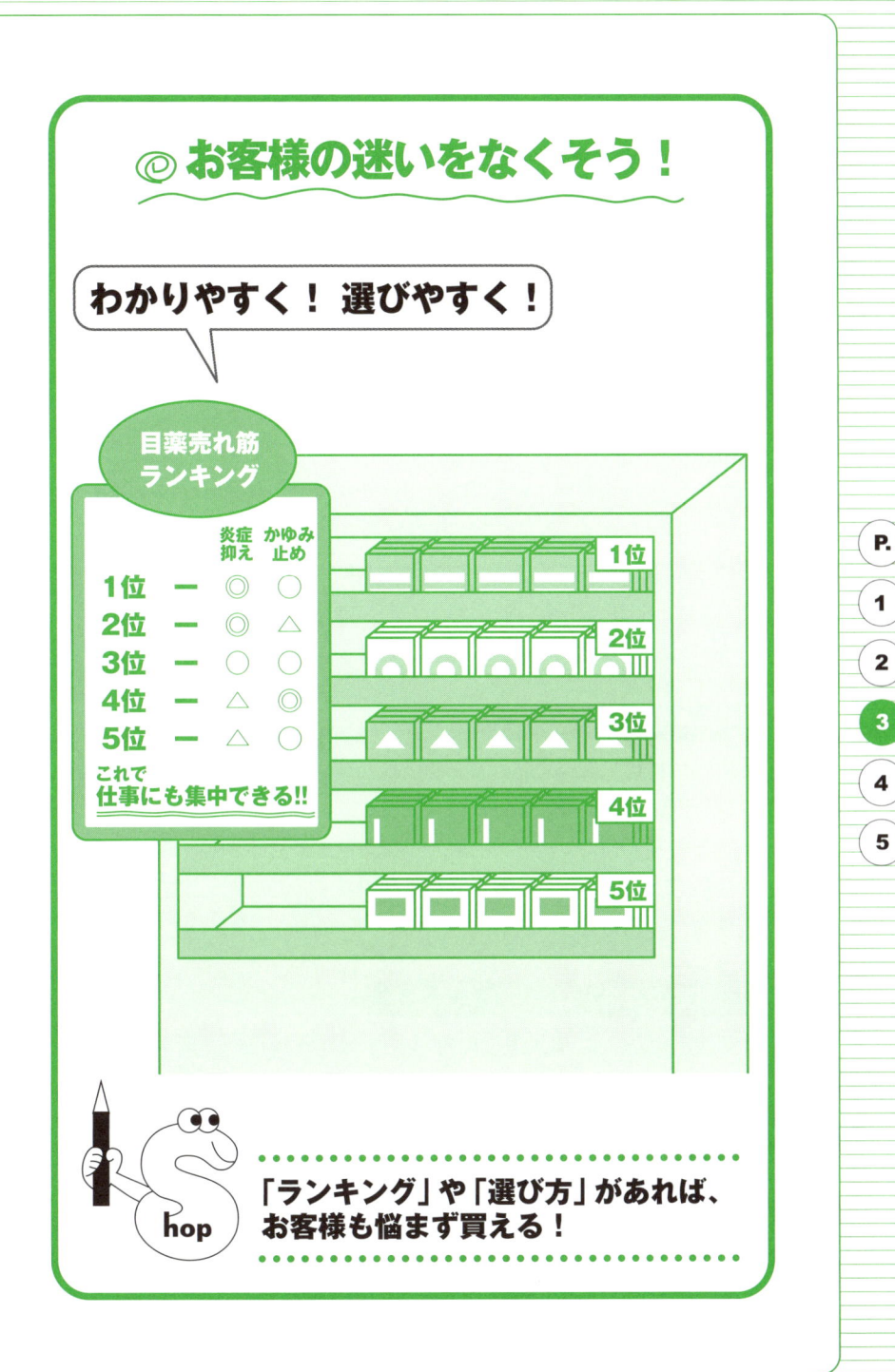

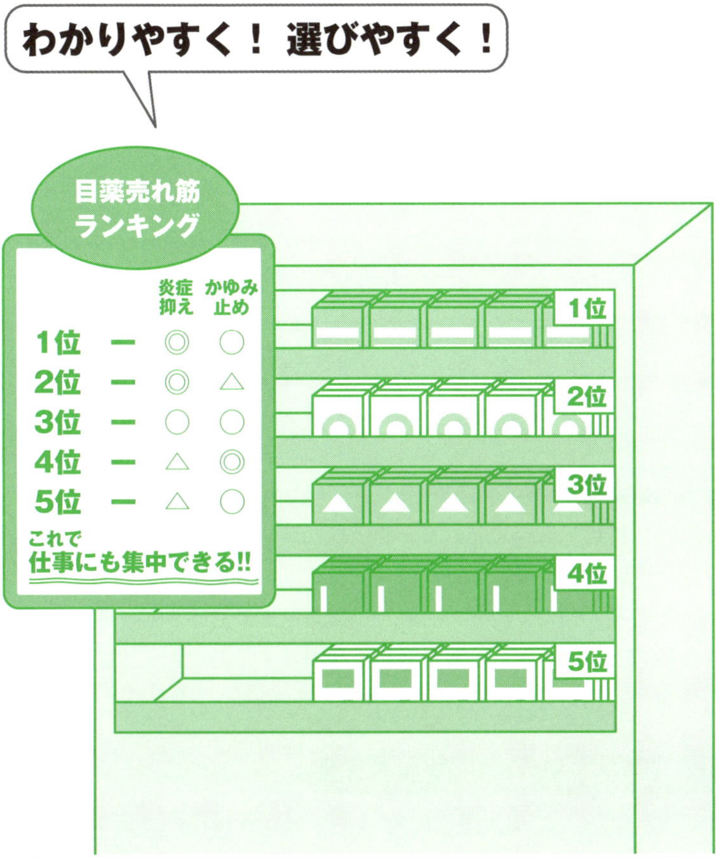

「ランキング」や「選び方」があれば、
お客様も悩まず買える！

35

「○○セット」「○○限定」のしかけ売り

お客様の潜在ニーズを引き出す

「セット売り」で買いやすく

防災グッズなど頻繁に買わないものは、何が必要なのかわかりにくいもの。そんなとき「防災用品２人分セット」というセットがあれば、とても助かります。自分でひとつずつ選ばなくても、それを買えば、夫婦2人なら問題なさそうですよね。また、初めての方向けの「初めてセット」などは初心者にとってありがたいものです。このように、「○○セット」とすることで、お客様の買い物の「手助け」ができます。

「組み合わせ」を提案

「組み合わせ」を作ることで、お客様も買いやすくなります。例えば、「お肌ぷるぷるお鍋セット」や「スタミナ満点鍋セット」などは、どんなお客様向けなのかが明確で、選びやすいですよね。こちらからお客様のニーズに合った組み合わせを提案することで、お客様も購入しやすくなるのです。

「限定の理由」は納得できてこそ

「限定」は強力な購入理由になりますが、それには「理由づけ」が必要です。例えばレストランで、あるメニューに「限定５食」と書いてあった場合、それがどうして限定なのかはお客様にはわかりません。そこで、「たまたま手に入った、希少な素材を使っているから」と「限定の理由」が記されていたらどうでしょう。これならお客様も納得、安心してくれるでしょう。理由なき限定は、お店側が売りたいだけの「あおり」に見えてしまいますので注意が必要です。

購入しやすいサポートを

買いやすい「セット売り」

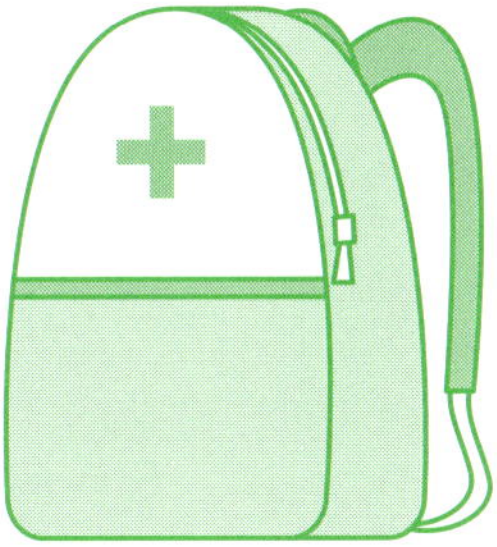

防災用品2人分セット

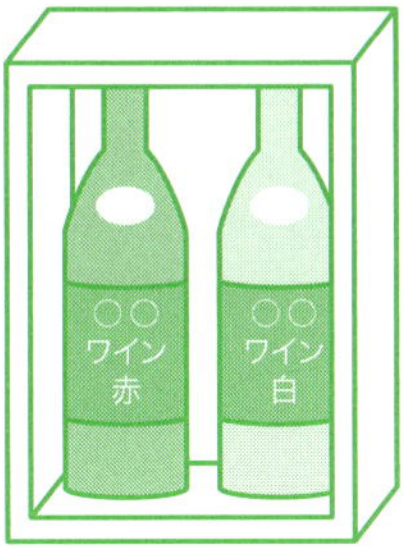

初めてセット

買いたくなる「限定売り」

限定50個

○～○日まで
1,000円

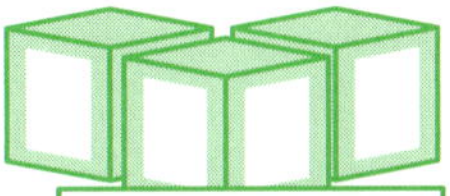

お子様限定
100円

ただし「限定」には理由を！

商品がより魅力的に映る「セット」や「限定」を考えよう

36 「触れる」ことで心が動く

「思わず手を伸ばしたくなる」がカギ

見た目ではわからないモノもある

手で触れると、見た目では伝わらない世界を感じることができます。販促でも、応用してみましょう。できるなら、お店が「触ってください」とお願いしなくても、お客様が自ら触ってくれたり、自ら手に取ってくれたら嬉しいですね。

「触ってみたい」があるといい

上野動物園のゴリラの舎の前には“ある模型”が置かれていて、お客様が自ら触ってくれます。ある模型とは、「ゴリラが腕を伸ばした長さ」と「手のひらの大きさ」がわかるものです。これがあると、お客様は、ついその模型と自分とを比べてしまいます。腕を伸ばして「ゴリラの腕はこんなに長いんだ」とか、手のひらを合わせて、「ゴリラの手ってこんなに大きいんだ」などと比較するのです。お客様が自ら触れることで、楽しめる上に、印象にも残りやすくなりますよね。あなたのお店に思わず触ってみたくなるモノはありますか？

「ぷるんぷるんのこんにゃく石けん」

「本当かな？」と疑問に思ってもらうことでお客様の行動につなげることもできます。例えば、こんにゃく石けんの棚に「石けんなのに、ぷるんぷるんです！」と書かれたPOPがあったらどうでしょう。「本当かな？」と疑問に思ったお客様は、つい実際に触って確かめてしまうでしょう。お客様の「本当かな？」という感情を引き出すことで、商品やお店に興味を持ってもらいましょう。

「目」でなく「手」で感じる

「本当かな？」と思うと触れたくなる

石けんなのに
ぷるんぷるんです！
触って
みたいな！
サンプル

サンプルを置くことで、お客様の気持ちを動かそう

37

「目の前」の演出で強く印象に残す

どんなパフォーマンスができるだろう？

目の前で動くと臨場感が出る

動物園に行ってライオンを見たときに、ライオンがずっと寝ていてまったく動かなかったら、せっかく来たのに寂しいですよね。止まっているものよりも、動いているもののほうが臨場感があり、印象に残りやすいのです。お店も同じで「動き」があると印象は変わります。

商品を変化させることがポイント

カウンターのあるお寿司屋さんでは、注文すると職人さんが目の前でネタを切り分け、握ってくれます。目の前で作ってもらうと印象に残りますよね。たとえ最後の仕上げの部分を見せるだけでも、印象は違います。あるシュークリーム屋さんでは、注文を受けてからお客様の目の前でクリームを詰めて提供します。また、あるレストランではクレームブリュレを、お客様の目の前で、バーナーで焼きあげます。目の前で動きがあるとお客様の注目が集まり、強く印象に残ります。ここでは「目の前で、商品が変化すること」がポイントです。

ワクワク感を引き出す「目の前演出」

商品が変化しないパターンもあります。例えば、居酒屋さんで「今日入荷した素材です」と言いながら、氷が敷き詰められたおかもちに魚を並べてお客様に見せたり。あるレストランでは、自家製パンを中の見えない布袋に入れてお客様のテーブルまで持って行き、袋をゆっくり開きながらパンを披露したり。ちょっとの工夫で、お客様のワクワク感を引き出す「目の前演出」はできるのです。

お客様がワクワクする演出を

商品を目の前で変化させる

商品の見え方を工夫する

**「ここでなければ味わえない演出」
がお客様の心に残る**

38

「天井」「床」「壁」を有効活用

まだまだ活かせる場所がある！

「いい雰囲気」は商品の価値も上げる

休日に、家族で焼肉を楽しむとしましょう。スーパーで買ってきた同じお肉でも、家の中でホットプレートで焼いて食べるのと、青空の下で楽しむバーベキューでは味わいが違います。このように同じ商品でも、周りの雰囲気によって味わいは変わるのです。つまり、お店でも、雰囲気次第で味や食事の印象が変わります。いい雰囲気を生み出すことができれば、商品はさらに力を発揮しますが、雰囲気が悪ければ、せっかくの商品も価値を落としてしまいます。

お店の空間をフル活用！

そのために、上（天井・空中）・下（床）・中間（壁）をフルに使った雰囲気づくりをしたいものです。例えば、七タイベントで短冊に願いごとを書いて頂き、それを天井から吊るしたり、母の日に似顔絵を募集して壁に掲示したりなど、お客様にお店づくりに参加して頂くのも一案です。すると、親しみの湧く雰囲気を演出できます。

お客様大満足のしかけ

他にも、天井にお店のキャラクターを小さく隠して描いておき、注文や会計でお待ちのお客様に、ちょっとした楽しみを提供するのもひとつの手。また、あるショッピングセンターでは、天井から床面にライトを照らして、いろいろな色の丸形が床を動きまわるようにしています。お店の雰囲気が明るくなるのはもちろんですが、床を使いちょっとした影踏み遊びができるようになっているのです。

空間を最大限に活かそう

七夕が近づいたら…

お店の雰囲気やイベントに合わせて店内を飾りつけ！

39

「トイレ」を心地良い空間にする

「このお店いいな」を感じてもらおう

トイレには神さまがいる!?

トイレには神さまがいるそうです。どんな神さまかというと、「商売人魂を測ってくれる神さま」です。ただ、トイレは直接売上を上げる場にはなりませんので、店内に比べるとケアが疎かになりがちです。だからこそ、トイレまで丁寧に掃除をして、お客様に快適な環境を提供しているお店は、お客様への配慮が行き届いています。一方、自店の売上中心で考えているお店は、売り場ばかりを重視します。トイレの神さまはそういう商売人の心根をしっかり見ているのです。

女性用には特に力を入れて

特に、女性用のトイレには気を配りましょう。「化粧室」と言うくらいですので、女性はお化粧のチェックなども行います。最近では、アメニティグッズを置くお店も増えていますよね。ハンドソープ以外にも、つまようじ、あぶら取り紙、コットン、綿棒、生理用品、マウスウォッシュなどを置くことを検討してみましょう。ここには、ぜひお店の女性スタッフの意見を積極的に取り入れてみてくださいね。

トイレならではの楽しみ方

トイレは、お店の中でも特別な空間です。性別が分かれていて、異性が入れない場所。ですから、異性には言えないような話が、ちょっとしたネタになります。女性トイレに「いい男の見分け方」、男性トイレに「女性がチェックしている男のしぐさBest3」など。トイレならではの楽しみを、お客様に提供できたらいいですね。

特に女性トイレを充実させよう

「このお店好き！」は、お客様への配慮で決まる

P.
1
2
3
4
5

40

「今」を強調すると買う動機になる

迷わず判断してもらうために

「いつか」を「今」にするには？

目覚まし時計が耳元で鳴っていても聞こえないふりをしてしまう朝ってありませんか？ あと5分、あと5分と先延ばしししてしまうのは、きっと私だけではないでしょう。でも「これ以上寝ていたら遅刻する！」という時間になったら必ず起きますよね。人は先延ばししてもいい状況だと甘えてしまうことがありますが、「今」の理由があると行動するものです。これはお店でも同じこと。お客様が「いつか買いたい」と思っていても放っておけば永遠に「いつか」のままです。「今」の理由を伝えることで、「今」判断してもらえるのです。

「時間限定」で「今」を作る

例えば、夕方のスーパーのタイムセール。「16～17時の間、お肉が10%引き」など。これは1時間限りの「今」です。この間に判断をしなければ、特典を受けることはできません。だから、今判断する理由になります。「時間限定」で「今」を作っているのです。

「旬」「季節」で「今」を作る

季節や行事に合わせて「今」を作る方法もあります。旬の素材などはわかりやすいですね。例えば、さんまは秋が旬のお魚です。その時期が一番おいしいから、その時期が「今」となります。時間が経てば「おいしい」は味わえなくなりますから「限定」になります。これは人がコントロールできないものだからこそ、「今」の価値があります。その部分を販促物で伝えれば、今、買うべき商品になりますね。

「今」をアピールしよう

タイムセールで「今」をアピール

旬な素材で「今」をアピール

「今、ここで買わなければ損」と
お客様が思うような演出を！

41 「利用イメージ」をわかりやすく伝える

「○○に使える！」と思ってもらえたら大成功

利用イメージが湧かないと買えない

もし、江戸時代の人に突然、携帯電話を渡したらどうなるでしょう。ボタンを押すとピッと音が鳴る不思議なおもちゃにしか思わないかもしれませんね。我々現代人は、携帯電話の利用方法を知っています。なので、電話だとわかるし、スムーズに使うことができるのです。つまり、どんなにいいお店やいい商品でも「利用イメージ」が湧かないと、利用することも買うこともできないのです。

「提案」で購買を後押し

駄菓子屋さんに、「子ども会のお菓子、袋詰め承ります」というPOPが貼られていました。この表示があると「こんなふうに利用できるんだ」とイメージが湧きますよね。子ども会の係の方であれば、とても助かる提案でしょう。また、飲食店の「誕生日プラン」やマッサージ店の「肩こりスッキリコース」なども、お客様への利用提案ですね。商品を用意するだけでなく、どのように利用できるのか、そのイメージを提供することが大事なポイントです。

見た目でパッとわかる！

小売店の棚に置かれたワインの横に、プレゼント用にラッピングされたワインが並べられていたら「プレゼントにできるんだ」と利用イメージが湧きます。また、「名入れしてある箸」や「名入れしてあるボトルのラベル」などを見たら、こちらもギフト用のイメージがすぐ湧きますよね。このようにパッと「イメージ」を見せることも重要です。

「どんな使い方があるか」を提案

「利用方法」の提案

「プレゼント」の提案

わかりやすい「提案」があると、
お客様も迷わず買える！

42

会話の「きっかけ」を仕込んでおく

話しかけたくなる「ネタ」を用意

お客様から話しかけてもらうには？

例えば学生時代。クラスの気になる子になかなか話しかけられなかったとして、でもその子とある授業でペアになったとしたら、話しかけることができますよね。誰しも「きっかけ」があると、会話をしやすくなるのです。お店とお客様の場合も、多く会話をしたほうが仲良くなれますが、お店側から話しかけては迷惑になるかもしれない…。そんな心配があるときにお客様から声をかけてくれたら、スムーズに話すことができますね。

話しかけずにはいられない!?

「本当かな？」と思うと行動してしまうのは先にも書きましたが、これはお客様との会話にも応用できます。例えば、店頭に「当店の半分は優しさでできています」と書かれた木札が飾ってあったらどうでしょう？ 面白いなと思うと同時に、「本当に半分は優しさなんですか？」とちょっとツッコミたくなりませんか？ このようにちょっと笑えるジョークは、お客様が話しかける「きっかけ」になります。

「木彫りの鶏」作戦

あるお店のカウンターには、木彫りの鶏が置かれていました。何人ものお客様が、それを見て、「何それ！」と店員さんに聞いたそうです。聞かれたら、スタッフは説明しますよね。それでスムーズに会話をすることができるそうです。このように、お店のどこかに会話のきっかけを仕込んでおくのもひとつの手なのです。

気になるネタを作っておこう

思わずツッコミたくなるものを仕込んでおく

当店の半分は
優しさでできています
本当に半分は
優しさなんですか？

つい聞きたくなるものを仕込んでおく

何それ！

hop

**「おしゃべり」のきっかけづくりで、
お客様との距離を縮めよう！**

43

一人のお客様に手間をかける

「特別感」を感じてもらう、ひと工夫

一人のためにできること

人は、「大勢の中の一人」よりも「自分一人だけ」であることに特別感を抱きます。それがほんの一瞬だとしても、それは特別な瞬間となり、心に届くのです。お店でも、他のお客様と同じ対応をするだけでなく、そのお客様一人だけに対して何かして差し上げられることはないでしょうか？

来店前、歓迎の準備にひと手間

温泉宿に行くと、入口に「歓迎　○○御一行様」と書かれた木札が下がっていることがあります。これを団体のお客様でなく個人のお客様に応用してみるのはどうでしょう。例えば、ご予約頂いたお客様に、お名前とメッセージを書いたカードを席に用意しておく。飲食店だけでなく他の業種のお店でも応用できそうですね。「自分一人のため」に手間をかけてくれたものは必ずお客様の心に届きます。

お客様に合わせたサービスで差別化

気の利いたお店に行くと、おかわりのドリンクを左側に置いてくれることがあります。私が左手でグラスを持っているのを見て察してくれるのです。また、小さい子どもと買い物をしているときに、買い物カゴや買い物袋を運んでくれるスーパーもあります。このような対応は、お客様の様子を見て、その方に合ったサービスをしているんですね。「お客様に合わせたサービス」で、他店と差別化できるところはありますか？ 工夫できるところはないか、少し考えてみましょう。

◎メッセージカードで満足度アップ

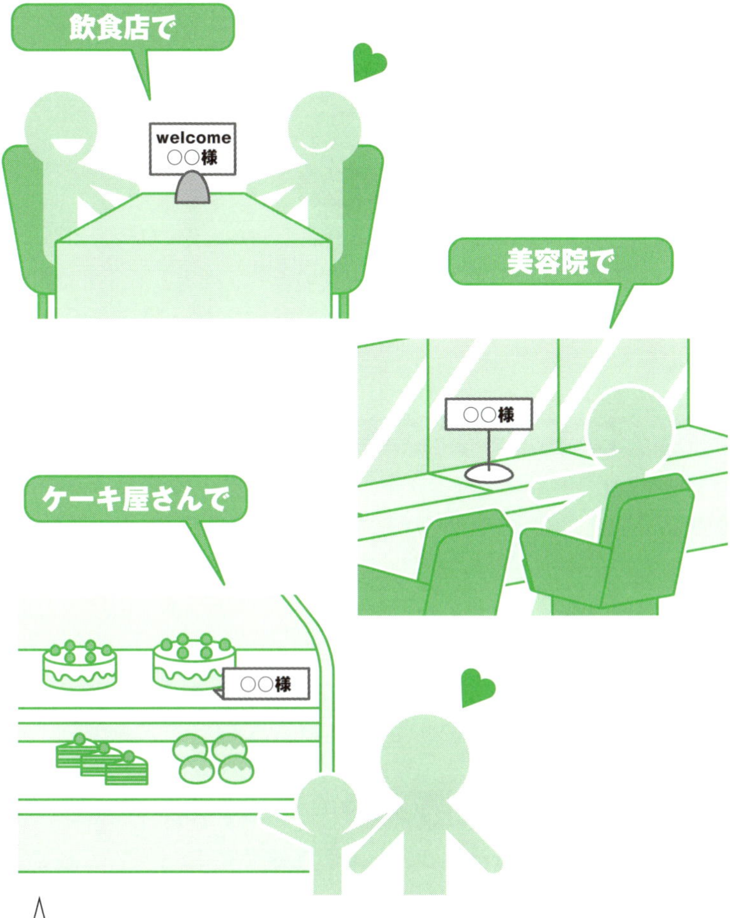

形や内容にもこだわって
「お客様への心遣い」を伝えよう

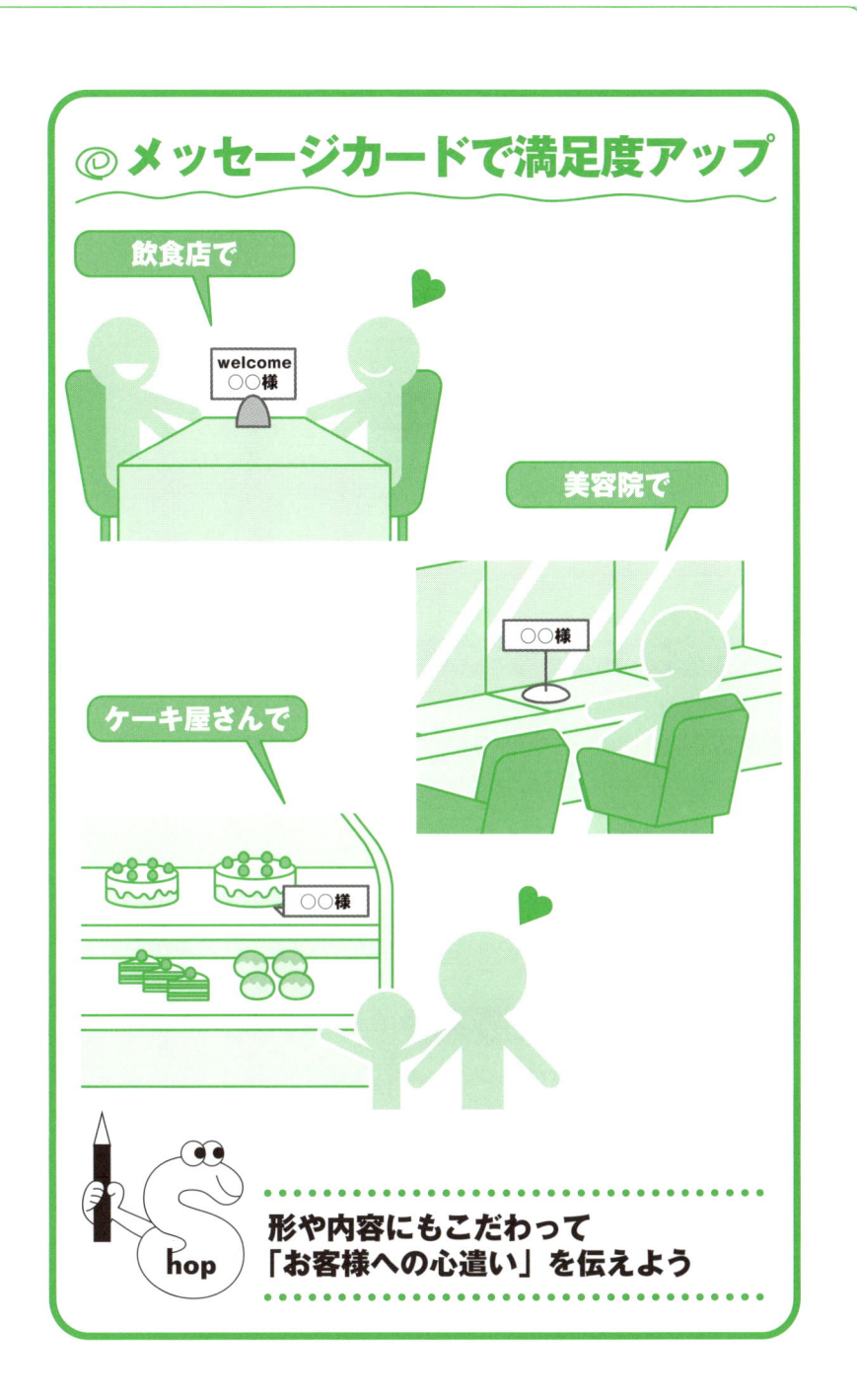

44

「みんなが参加できる」企画を提案

お客様との「接点」を増やそう

参加できるイベントを企画しよう

お客様が「参加」できる企画は、お店のファンづくりに有効なひとつの手段です。参加の形でわかりやすいのは「抽選」や「くじ引き」など。他にも「じゃんけん大会」や「ビンゴゲーム」は楽しく参加できるので、お店の雰囲気に合わせて企画をしてみるといいでしょう。

「募集＆参加」でファンづくり

お客様からアイデアを募集することも、「参加」のひとつの方法です。新商品やお店のキャラクターができたときに、そのネーミングを募集してみたり、商品を使った「独自のレシピ」を募集してみたり。賞や景品を設けると、チャレンジ意欲も出ますよね。お客様がそのアイデアを考えているときには、きっとお店のことを思い出してくれるでしょうし、賞の発表時にはお店のことが気になるでしょう。「参加」を機にお店との「接点」を増やせたらいいですね。

「決めゼリフ」を作るのもアリ

ついマネしたくなるというのも大切な要素です。「よろこんで！」と決めゼリフを言う飲食店が流行りました。この言葉は、お客様自身が日常でも使えるものです。そのため、気に入った人はついマネしたくなって使ってしまいます。このように「決めゼリフ」や「決めポーズ」があるとお客様の印象に残りやすくなり、お店の中だけでなく、お店を離れたところでもマネしてもらえる可能性が広がります。これは、口コミ効果にもつながるものです。

ワイワイ楽しめる企画を

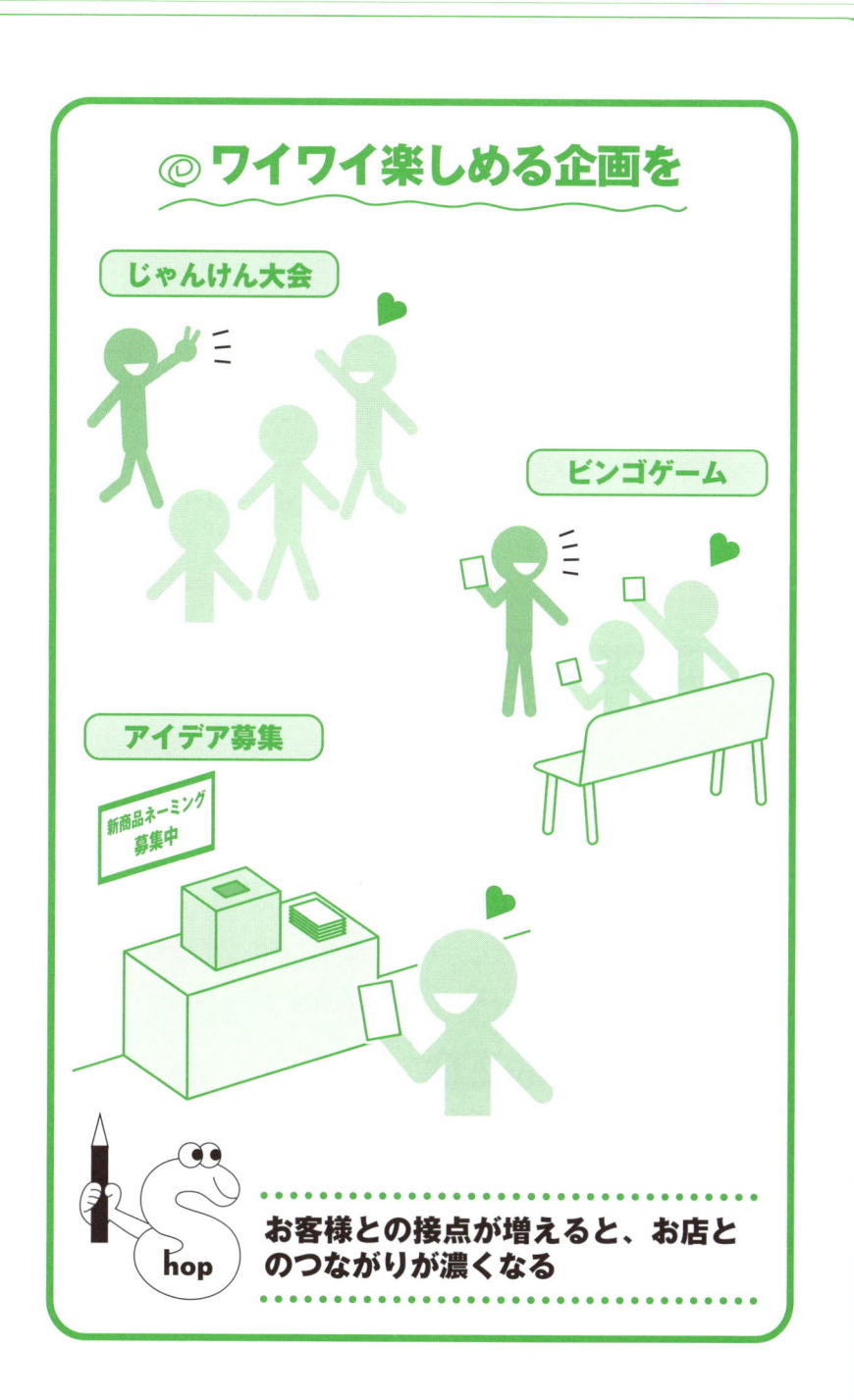

お客様との接点が増えると、お店とのつながりが濃くなる

45

「ストレス発散」のお手伝い

お店では至福の時間を過ごしてもらおう

ストレスフルなお客様のために

今、お客様はストレスをいっぱい溜め込んでいます。日々の仕事のプレッシャーや将来への不安、プライベート時間の減少など、要因はいくらでもあります。日常生活では大変なことが多いですから、お店に来たときには、ぜひそれを解消してもらいたいですね。

非日常の「セレブ体験」

例えば、「非日常」を体験することで、日常のイヤなことを忘れてもらうのはいかがでしょう。非日常といえば「セレブ体験」がありますね。普段は決して味わえないセレブリティな生活に憧れを持つ方は少なくないでしょう。大金をかけなくても、ちょっとの工夫でセレブ体験を提供することはできます。例えば、グラスワインの提供時に、一脚数万円のグラスを使用するなど。高級ワインでなくても、高級なグラスを使うことで「セレブ感」を演出することができます。お客様も、至福のひとときを味わうことができるでしょう。

体を動かしてストレス解消

ストレスを発散するには、大声を出したり、体を動かして汗をかいたり、モノに八つ当たりをするなどがあります。例えば、パンチングマシンをお店に用意してお客様に思いっきり叩いてもらったり、ときには腕相撲大会を開催するなども一案ですね。全力で体を動かすことで、ストレス発散につながり、お客様も気持ち良い時間を過ごすことができるはずです。

お店だけの特別な時間を

「セレブ体験」をしてもらう

「体を動かすこと」をしてもらう

ここでしか体験できない特別な時間が、お客様の満足度を上げる！

P.
1
2
3
4
5

コラム3

COLUMN

「素材を販売する」という視点

仲間はずれはどれ？

スーパーのパンコーナーには、たくさんの商品が並んでいます。では、次の5つの商品の中で「仲間はずれ」はどれでしょうか？「A：北海道小豆の高級あんパン」「B：ホットドッグ用パン」「C：うずまき1.5倍チョココロネ」「D：想い出の焼きそばパン」「E：チョコとプレーンの2色ドーナツ」。さて、どれを仲間はずれにしましたか？ その理由も考えてくださいね。

ホットドッグ用パンは未完成

実はどれも仲間はずれにできるのですが、ここではBの「ホットドッグ用パン」を仲間はずれとして考えてみましょう。さて、他と何が違うのでしょうか？ それは、「未完成」だということ。他の4つは、そのまま食べる完成品ですが、このパンはソーセージやレタス、ケチャップなどをかけて料理として仕上げてから食べますね。完成品ではなく、未完成の「素材」を販売しているのです。

お客様の手で仕上げてもらおう

素材のまま販売するとどうなるか。お客様は自分で仕上げをすることになります。できあがったものは、お客様が自分で作った作品です。自分で手をかけたものは価値を感じやすく、納得しやすいもの。お店は、完成品ばかりを販売するのが役目ではありません。ときには素材のまま販売し、お客様に仕上げてもらうこともアイデアのひとつなのです。こんなふうに他の4つも「仲間はずれ」という視点で考えてみると、新しいアイデアに気づくことができるかもしれません。

PART

4

リピーターを増やす!「効果的なしかけ」

お客様には何度でも来て頂きたいもの。
そのためには、ひと手間の工夫が必要です。
お客様大満足の魅力ある販促テクニックを紹介します。

46 → → → 55

46 「リピーター」づくりに力を入れよう

安定したお店運営には欠かせない

利益面でプラスになるのは…

初めてのお客様とリピーターのお客様、利益面でプラスになるのはどちらでしょう？ それはリピーターのお客様です。初めてのお客様の場合、お店のことを知って頂くため広告費やクーポン発行などのお金がかかります。また、利用方法を説明するなどお店の負担も大きくなります。これに対してリピーターのお客様は広告費も小さく済み、信頼してくだされば高額商品をご注文頂ける可能性も高くなります。

お客様の満足度アップでスタッフのやる気もアップ

お金の面だけでなく、気持ちの面でも、何度も同じお客様に来て頂けたらやはり嬉しいものですよね。繰り返し来てくださるというのは、お店に満足して頂いているという証拠。自分たちのサービスや商品の価値を認めてくださったということがわかれば、スタッフの自信にもなりますし、モチベーションも上がりますよね。そして、さらにいい仕事ができれば、お客様の満足度はもっと上がります。このように、いいサイクルになっていくのです。

リピートに必要な「モノのつながり」

お客様にリピーターになって頂くには、ポイントカードやお礼状など、「モノのつながり」が有効です。お店と自分がつながっていることがわかればお客様だって嬉しいもの。なるべく多くのつながりが作れるよう、お客様が満足するしかけを考えたいものです。

お客様とお店のいいサイクル

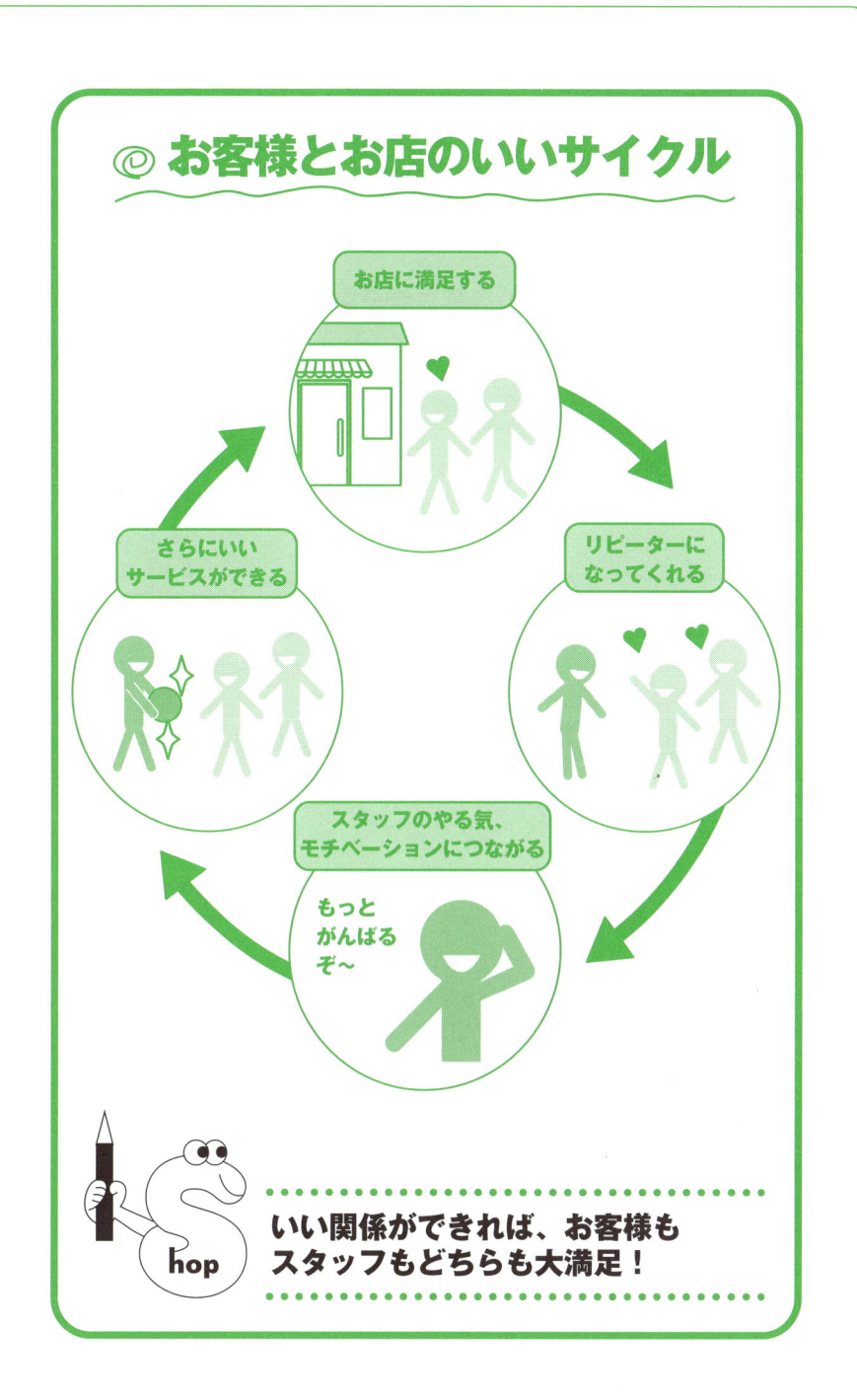

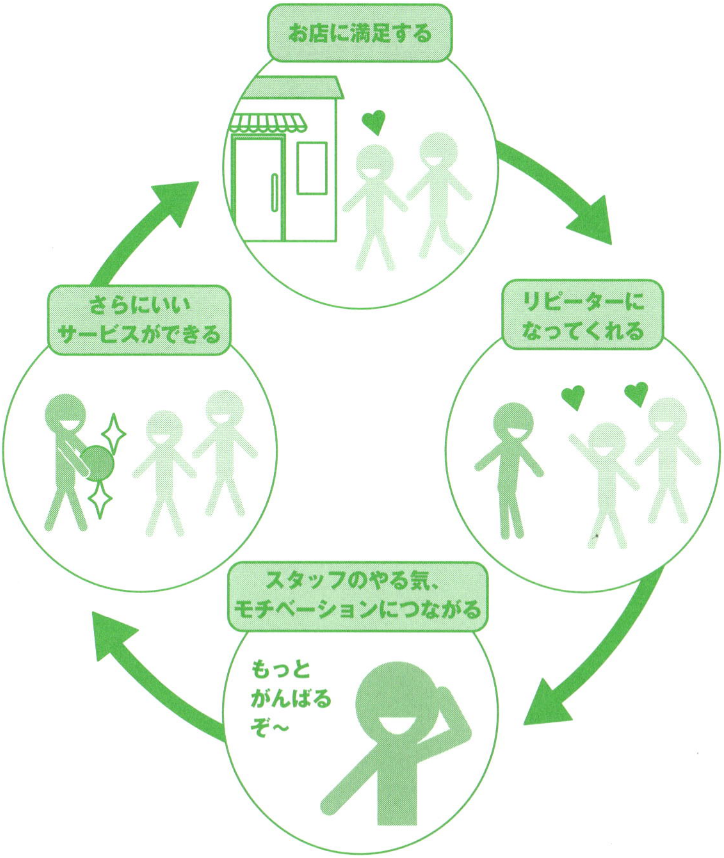

お店に満足する
リピーターに
なってくれる
スタッフのやる気、
モチベーションにつながる
もっと
がんばる
ぞ～
さらにいい
サービスができる

hop

いい関係ができれば、お客様も
スタッフもどちらも大満足！

47

「クーポン券」の効果的な使い方

単なる「安売り」の告知にならないように

クーポンは「目的」ではない

クーポンは販促手段のひとつではありますが、主役ではありません。クーポン目的で来店したお客様は、クーポンがなければ次回はそうそう来店してくれません。お客様の来店理由は、あくまでも「お店の魅力」でありたいものです。クーポンは「背中押し」の手段のひとつだと覚えておきましょう。また、反響が良くないからといって、何も考えず割引率を高くしたり、還元額を上げるなどはやめましょう！

「割引券」「プレゼント券」「引換券」の違い

クーポンにはいくつかの種類がありますが、ここでは3つ挙げます。結果的には同じ内容でも、印象が違いますので、使い分けてみてください。①割引券：10%引き券・500円引き券など。安くなっている感アリ。②プレゼント券：ビール1杯無料券など。もらって嬉しい感アリ。③引換券：ケーキ１個引換券など。権利を持っている感アリ。割引券は誰でも割り引いてもらえそうな感覚がありますが、引換券は特定の人しか持っていない特別な感じがします。また、プレゼント券や引換券は、お金が出ていくイメージが少ないのが特徴です。

「割引」や「特典」の理由を明確に

注意したいのが、理由のない割引や特典は、お客様にとっては何の特別感もない、ただの「安売り」に映ります。期間限定や１周年記念など、理由をしっかり明確にすることで、単なる「安売り」ではないことを伝えましょう。

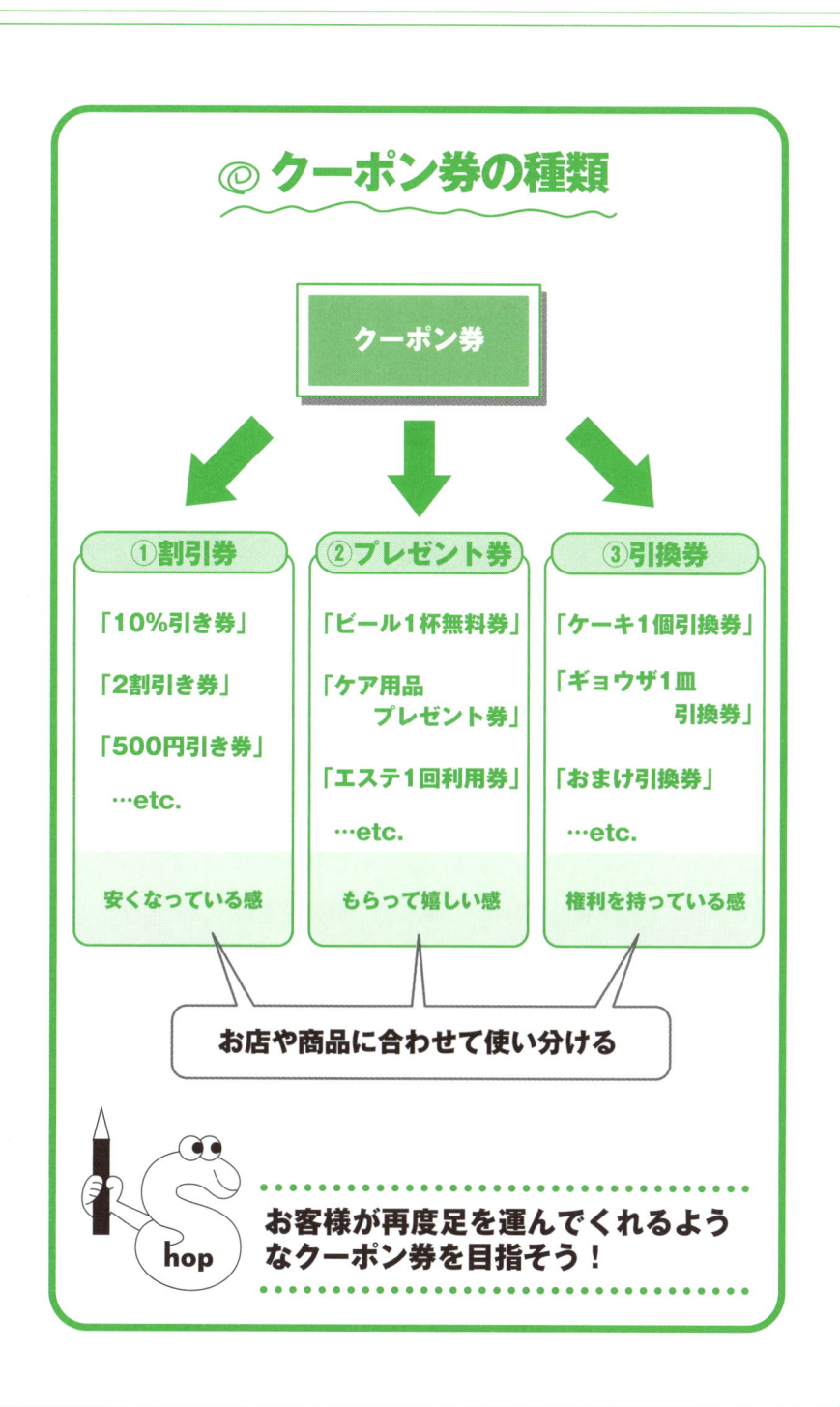

クーポン券の種類

クーポン券

①割引券

「10%引き券」

「2割引き券」

「500円引き券」

…etc.

安くなっている感

②プレゼント券

「ビール1杯無料券」

「ケア用品
プレゼント券」

「エステ1回利用券」

…etc.

もらって嬉しい感

③引換券

「ケーキ1個引換券」

「ギョウザ1皿
引換券」

「おまけ引換券」

…etc.

権利を持っている感

お店や商品に合わせて使い分ける

お客様が再度足を運んでくれるようなクーポン券を目指そう！

48 「ポイントカード」をひと工夫

「ワクワク感を感じるゴール」を設定しよう

「感謝の気持ちを込めた特典」のひとつ

ポイントカードはよくお客様を「リピートさせる」ための策と捉えられることがありますが、そうではありません。何度も来店してくださるお客様へ「感謝の気持ちを込めた特典」のひとつです。まずは、この視点を忘れないことが大切です。

ゴールに「意味」を込める

お客様にポイントカードをきちんと使って頂くためには、ゴールを近くするのがひとつの有効な手です。10回来店して頂いてようやく特典が得られるよりも、3回の来店で小さな特典が得られるようにするほうが次回の来店につながります。また、お客様にとってゴール（ポイント獲得地点）に意味があることも大事。例えば、ボリュームをウリにした定食屋さんなら、食べたご飯の量をポイント化して「一升、二升…」とゴールを設定してみてはどうでしょう。溜まったお客様は「一升食ったんだ！」と達成感を感じることができますね。また、九州料理のお店なら、各県の料理を注文するごとにスタンプを押して、全県制覇できたら楽しいですよね。「九州一周したぞ！」と思えますね。

カードの形で差別化を図る

ポイントカードの形を検討してみるのも一案。ポイントが書き換えられるリライトカードや携帯電話でポイントを貯めるサービスは手軽ですね。紙のカードでも形は四角ばかりではありません。パン屋さんなら食パンやクロワッサンの形にすれば「お店らしさ」が伝わります。

アイデア次第で差別化できる

ポイントカードで、お客様の「また来たい！」を引き出そう

49

「会員特別サービス」で付加価値をつける

限定だからこそ、魅力的に映る！

“特別感”で差別化を

リピーターの方であれば、「自分は特別な存在のはずだから、特別な対応をしてもらいたい」と思うものです。何度も来店して、スタッフとも顔なじみになったお客様は、お店にとっても特別な存在ですね。それならば、ほんの少し特別な対応をして、リピーターの方の満足度を上げてみてはいかがでしょうか。

会員限定の「サービス」を作る

「会員制度」のサービスには、有料と無料のパターンがあります。会費を頂戴する有料会員制度の場合は、「会員価格」を用意することで特別感を感じて頂けます。通常は160円の商品を、会員様は140円で購入できるなど。「10%引き」とするよりも「会員価格」を提示したほうがわかりやすいですね。これは、一般のお客様に対して会員のお客様はお得になるという優越感を感じて頂けます。また、会員様だけの特別セールなども効果的です。会員様だけにしかお知らせしないセールなら、さらに特別感を感じて頂けるでしょう。

ワンランク上の満足を提供

会員様への特別対応は、価格面ばかりではありません。サービス面での特別対応も会員様の優越感をくすぐります。例えば「優先的に予約ができる」「良い席が取れる」「会員しか知らない裏メニューがある」など。このように、一般のお客様よりもちょっといいサービスが受けられることで、特別感を感じて何度も利用して頂けるでしょう。

より満足して頂くために

「会員価格」を用意する

シャンパン　2,000円
（会員価格1,700円）

「会員特典」を用意する

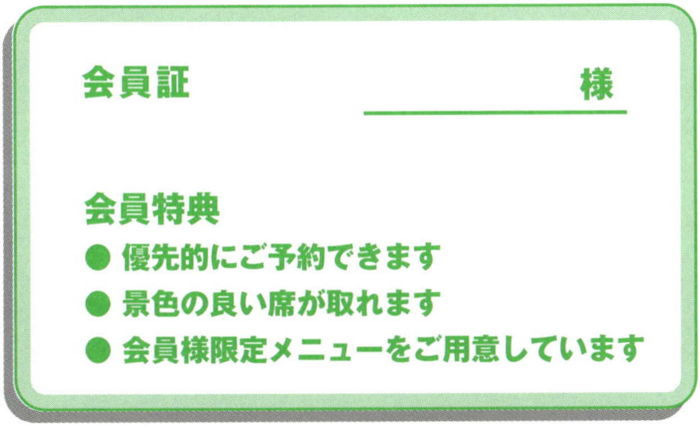
会員証
様
会員特典
● 優先的にご予約できます
● 景色の良い席が取れます
● 会員様限定メニューをご用意しています

hop

「特別感」を感じて頂くために、
自店なら何ができるか考えてみよう

50

「お客様アンケート」をフル活用

自店をさらにレベルアップするために

「生の声」から改善点を見出そう

お客様アンケートは、お客様の生の声です。上手に活かさなければ書いて頂く意味がありません。仮に「自分より後に来たお客さんのほうが先に料理が出てきた」という声を頂いたとします。お客様にイヤな思いをさせてしまったのであれば、改善が必要ですね。ここでは、順番を間違えてしまったか、注文した料理によって調理時間に違いがあった、という2つの原因が見えてきます。そうであれば、オーダーの順を徹底すること、もしくは事前に調理時間がかかることをお客様にお伝えしておくことで改善できますね。

質問はできるだけ具体的に

アンケートでは、具体的なコメントを頂くことで次に活かせます。そのためには、漠然と「感想をお聞かせください」とするのではなく、具体的な質問をすること。「どの商品が気に入りましたか」「知人に聞かれたらどんなお店だと説明しますか」「お店に対する要望はございますか」など、店側として活かせる情報を頂くことです。

共通点があると興味を引く

「アンケート」を有効的に活用する方法として、POPやチラシにお客様の声を載せる方法があります。その際、可能であれば「性別」「年齢・年代」、商品によっては「職業」を載せるようにしましょう。読む人との共通点があるほうが参考になりますよね。「同年代(同業者)の人がいいというなら試してみようかな」と心引かれるはずです。

アンケート用紙の例

お客様アンケート

本日は当店をご利用頂き、
誠にありがとうございます。

● どの商品が気に入りましたか？

____

● どんな目的で利用してくださいましたか？

____

● 当店を選んでくださった理由は何ですか？

____

● 知人に聞かれたらどんなお店だと説明されますか？

____

● お店に対する要望はございますか？

____

ご協力頂き、ありがとうございました。
またのご来店を心よりお待ちしております。

**次に活かせるように、
具体的な内容を聞くことが大事！**

51

「お礼状」でお客様の心をつかむ

手書きの一筆で想いを伝える

「また行きたい」を引き出す要素

美容室に行った数日後、「先日はご来店ありがとうございました。その後、問題はありませんか？」と美容師さんから手書きのハガキが届きました。心がほっこり温まり、お店のことを再度思い出すきっかけになりますね。ちょっとしたひと手間は、お客様の心に響きますし、「また行きたいな」につながるきっかけになります。

「3日以内」の心遣い

お客様は、お店のことを一度では覚えてくれません。何度も繰り返すことで記憶が強化され、覚えられるのです。だからこそ、忘れてしまったら、また0からのスタートになります。ですから、お客様が忘れてしまう前に思い出してもらうことが大事。もし、来店後に手紙やハガキを送るのならば、3日以内に届けるようにしましょう。これを過ぎると、印象が薄まってしまう可能性が高くなります。

熱くなりすぎないように注意

ただし、手書きの熱いメッセージをたくさん書けばいいかと言うと、そうでもありません。重すぎるメッセージは、お客様が受け止めきれず、逆にお店を避けてしまうことにもつながります。あまり言葉を交わしていない場合であれば、印刷の文章にひと言手書きを加えるくらいで十分でしょう。もしくは、印刷した文章にラインマーカーで線を引くだけでも温もりは伝わります。お客様との距離を少しずつ縮めていきましょう。

心の距離を縮めるひと手間

お礼状を作成

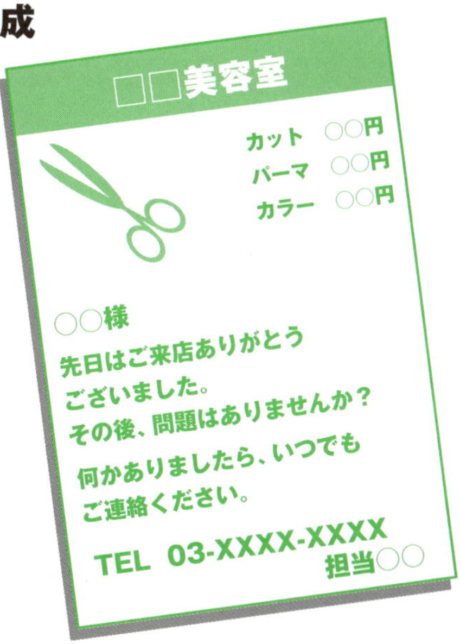
□□美容室
カット ○○円
パーマ ○○円
カラー ○○円
○○様
先日はご来店ありがとう
ございました。
その後、問題はありませんか？
何かありましたら、いつでも
ご連絡ください。
TEL 03-XXXX-XXXX
担当○○

3日以内にお届け

hop

「一度きり」にしないための心遣いが、リピート率を上げる！

52

「イベント」を定期的に行う

お客様が楽しめるオリジナルの企画を

いつもとは違う「来店する理由」

例えば、最寄りのコンビニで「有名アーティストの○○さんが1日店長をする」というイベントが行われるとしたらどうでしょう。近くだったら、きっとイベント日にはつい出かけてしまいますよね。イベントは、普段のお店とは違う「来店する理由」ができます。また、そのイベントがおもしろそうだったら、誰かに言いたくなりますよね。すると、口コミ効果で、さらにイベントは広がりを見せるでしょう。

「いまだけ」「ここだけ」「おしらせ」

イベントを行う際には、3つの要素を押さえておきましょう。それは、「①いまだけ」「②ここだけ」「③おしらせ」です。例えば、ケーキ屋さんで「七夕ケーキフェア」を実施する場合。七夕は季節の行事で期間限定になりますので、「①いまだけ」の要素です。そして、お店オリジナルの七夕ケーキを販売すれば、「②ここだけ」の商品となります。さらに、チラシなどを用意して「③おしらせ」をすることで、多くの方に告知するのです。この3つを意識してイベントを企画すれば、お客様が集まりやすくなります。

満足度アップのイベントを企画

イベントを行うときには、来店して頂くことがまず大切ですが、来てくださったお客様の満足度も上げたいもの。満足度が上がれば、売上が上がり、さらにはリピートにもつながるでしょう。特に「いまだけ」「ここだけ」の商品やグッズは満足度を高めるアイテムになります。

イベントに大切な3要素

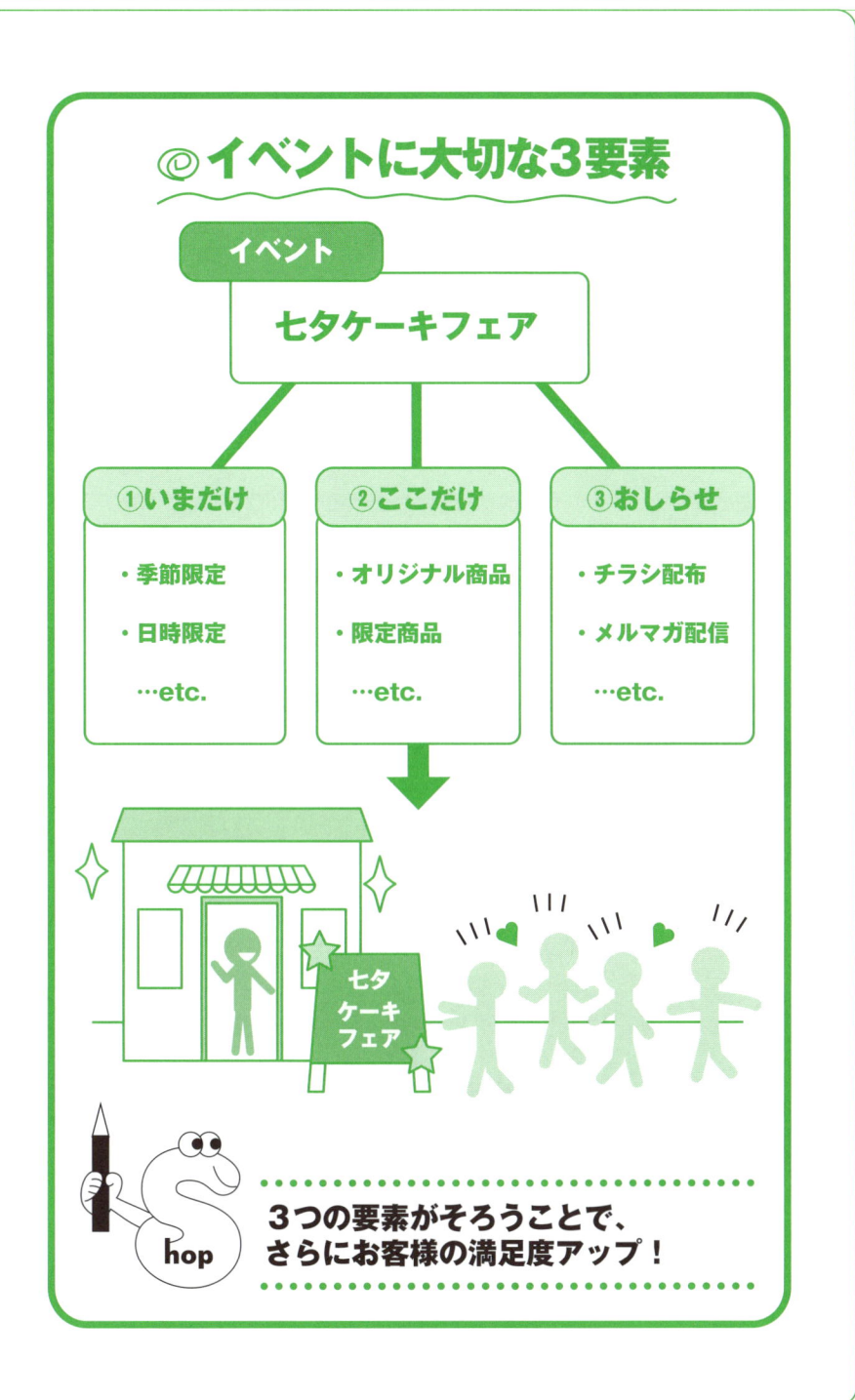

イベント

セタケーキフェア

①いまだけ
- 季節限定
- 日時限定

…etc.

②ここだけ
- オリジナル商品
- 限定商品

…etc.

③おしらせ
- チラシ配布
- メルマガ配信

…etc.

**3つの要素がそろうことで、
さらにお客様の満足度アップ！**

P.
1
2
3
4
5

53

「実感」を深めて「記憶」に残す

お客様の五感を刺激！

「利用した実感」が必須

以前、私は目にシミない目薬を買ったことがあります。あの「シミ」がなければ、さぞ心地良いだろうと思っていたのですが、実際に利用してみるとどうも物足りないのです。あの「キター！」というシミがないと、目薬をさした実感がないのです。これはお店にも言えます。利用してくれたお客様が知らぬ間に利用し終えていて、記憶に残らぬまま忘れ去られていたら…。それではリピートにつながりません。記憶に残るには、「利用した実感」を深めてもらうことが必要です。

「五感」で感じてもらおう

実感を深め、リピートしてもらうには、「五感」を刺激することです。

①目（視覚）：光る、動く、大きいなど目の前で起こる変化

②耳（聴覚）：食べるときのサクサク音、マッサージ中のボキッ音

③鼻（嗅覚）：焼肉の炭の香り、ケーキのチョコの香り

④舌（味覚）：おいしい、酸っぱい、とろけるなど口の中の変化

⑤体（触覚）：マッサージの気持ち良さ、イスの座り心地　など

モノで残る「実感」もある

また、モノをお渡しすることでお客様の実感を深めることもできます。例えば、ビフォー＆アフターをお見せすること。整体院で、施術前と施術後の立ち姿を写真に撮り、比べることでハッキリ違いがわかれば強い実感につながります。また、食べ放題チャレンジなどで成功したお客様に「証書」をお渡しするのも強い実感になりますね。

「モノで残る実感」を提供する

「ビフォー＆アフター」を見せる

「成功の証」を渡す

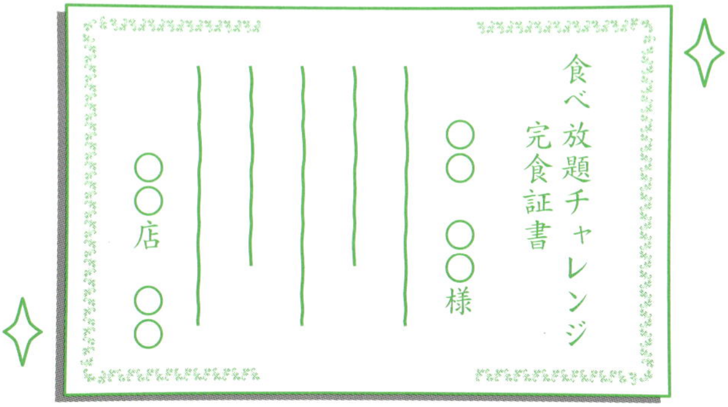

モノがあるから実感が湧く。
その「記憶」がリピートにつながる！

54

「次回来店」を引き寄せるしかけ

リピート率をさらに上げるために

「次も見たい!」「次も行きたい!」

週刊誌に連載されているマンガの最終ページや、連続テレビドラマの最終シーンには、よく謎の人物が登場したり、何かトラブルが起きたりします。だからこそ、その先が気になり、翌週も見たくなってしまうんですよね。これはお店も同じで「次も見たくなる」「次も行きたくなる」というのは、リピーターづくりの大事な条件です。

「次回予告」をしよう!

そのために、一番取り組みやすいのは「予告」です。テレビアニメやドラマでは必ず次回予告がありますよね。それと似たようなことをお店でも実践してみましょう。口頭で、翌週から発売する新商品を予告したり、店内配布用のチラシを作って翌月から始まるフェアやサービスを告知するのです。お客様が「気になる!」と思って、次回来店してくれれば大成功!「予告効果」でリピート率を上げましょう。

「心残り」は次回につながる

隣のテーブルのお客様が食べている大きなパフェやジュージュー音のする鉄板料理など…気になりますよね。また、偶然試着をしていた人の洋服や靴も、周りの注目を集めます。このように、自分が体験していないからこそ「気になるモノ」もあるのです。それが、その日に体験できなかったとしたら、お客様には「心残り」ができます。すると、それが次回来店する理由になります。あの時のアレを食べたい、あの時のアレを着てみたい。これで次回のイメージが湧きます。

◎お客様の「気になる」を刺激！

隣の料理が「気になる」

当店自慢の
鉄板ハンバーグです
ジュ〜

試着している洋服が「気になる」

新色ボルドーのワンピース、
お似合いですよ〜

hop

「気になる」があると「また行きたい」が生まれる！

55

「もう一度」必ず来店する仕組み

「預かる」「貸し出す」販促テクニック

「モノを預かる」という視点

自分の大切な100万円を銀行に預けたら、必ずあと1回はその銀行に行きますよね。もちろん、預けたままキャッシュカードや通帳を捨てたりはしないでしょう。お客様のモノを預かると、そのお客様は「もう一度」来店する理由ができます。スポーツ店のグローブの修理サービスや飲食店のボトルキープなどもこの銀行型の仕組みです。ボトルキープの際には、お客様の“マイグラス”を作ってお店に一緒に保管しておくのもいいですね。

「モノを貸し出す」サービス

図書館で、本を借りたら返す。レンタル店で、DVDを借りたら返す。これはあたり前の行動です。お客様にお店のグッズを貸し出すと、返すためにもう一度来てくださいます。例えば、雨の日に傘を貸したり、新商品アイテムをお試しで貸し出したりしてみてはいかがでしょうか？ 不思議なもので「返さなくてもいい」とお伝えしても、返しに来てくださるお客様は多いのです。

お店の負担にならないモノを

でも、お店の負担になるほどのモノを貸し出す必要はありません。高級なモノを貸し出されると、お客様もとまどってしまいます。ですから、自分のお店だったら「貸し出す」という視点で何ができるか？そこをちょっと考えてみてください。

また来て頂くために…

お客様のモノを「預かる」

お店からモノを「貸し出す」

「預かる」「貸し出す」で再来店のチャンスを作ろう！

P.
1
2
3
4
5

コラム4

COLUMN

お客様が引き寄せられる!?
神秘性の演出

世界中からお客様が集まる洞窟

イタリアの南部、カプリ島という島にある「青の洞窟」をご存知でしょうか？ 波が岩を浸食してできた洞窟だそうで、中に太陽の光が差し込むと、洞窟内の水が青く輝き、とても神秘的な光景とのこと。ここは、世界中から観光客が集まるスポットになっています。「神秘」とは「人間の知恵では計り知れない不思議なこと」だそうです。自然が作り出した神秘にはかないませんが、お店でも「神秘性」を演出することができます。

「秘密のレシピ」の神秘

例えば、こんな餃子屋さん。スタッフは大勢いるのですが誰もレシピを知りません。それは、餃子のタネに秘密の調味料を使っているからです。その調味料の配合は社長しか知らず、そのレシピは金庫に厳重に保管されていて社長が動けなくなるまで開けてはいけないとのこと。スタッフさえも知らない秘密のレシピ。ちょっと神秘を感じませんか？ それを感じると、その餃子を食べてみたくなりますよね。

「神秘」の効果的な伝え方

ではどのような方法で、お客様に「神秘」を伝えましょうか？ あえてPOPやチラシには載せず、口頭のみの情報で伝えるのがいいかもしれませんね。お客様に聞かれたときにだけ「実は、うちのお店のレシピ…」と話し始めれば、きっと盛り上がりますよね！ 盛り上がれば、それが口コミになり「うわさ」になるかもしれません。ちょっとした「お店のうわさ」はお客様も行って確かめたくなるものです。

PART

5

時間が経っても思い出す！「アプローチのしかた」

ちょっと時間が経つと、お店のことなんて忘れられてしまうもの…。
そうならないために、定期的に思い出してもらうきっかけを提供しましょう。
お客様がまた来たくなる、販促テクニックを紹介します。

56 → → → 65

56

「お客様情報」を集めよう

お店の案内を届けるための第一歩

顧客名簿はお店の宝！

江戸時代の商人は、火事になったとき、真っ先に顧客台帳を持ち出したそうです。そのくらい「顧客名簿」はお店にとって重要なものなんですね。お客様の名簿があれば、何度でもお店からの情報をお届けできます。つまりは、何度でも来店・購入して頂ける可能性があるということですね。

「名前」と「連絡先」があれば十分

まず、お客様の名簿集めの第一歩は、「名前」と「メールアドレス」もしくは「住所」を教えて頂くことから始まります。これがあれば、お店の案内をお送りすることができます。多くのお店の場合、これで十分。管理できない情報をたくさん集めても、活用できなければ意味がありません。ただ、高単価のお店や個別のサービスを行うお店であれば「属性（年代、職業、地域）」や、「嗜好（好きなもの）」などがわかるとより良いサービスの提供につながります。

「質の高い名簿」づくり

お客様に自ら登録して頂く方法はないか考えてみましょう。例えば、「抽選で3名様に○○プレゼントキャンペーン」など、プレゼント企画で名簿を集める方法があります。登録の際に「メールマガジンを受け取って頂けますか」というチェック欄を設けておけば、お店やその商品に興味がある方の名簿になりますね。「ただ集める名簿」から、ターゲットを絞った「質の高い名簿」づくりを目指しましょう。

まずはこれだけで十分！

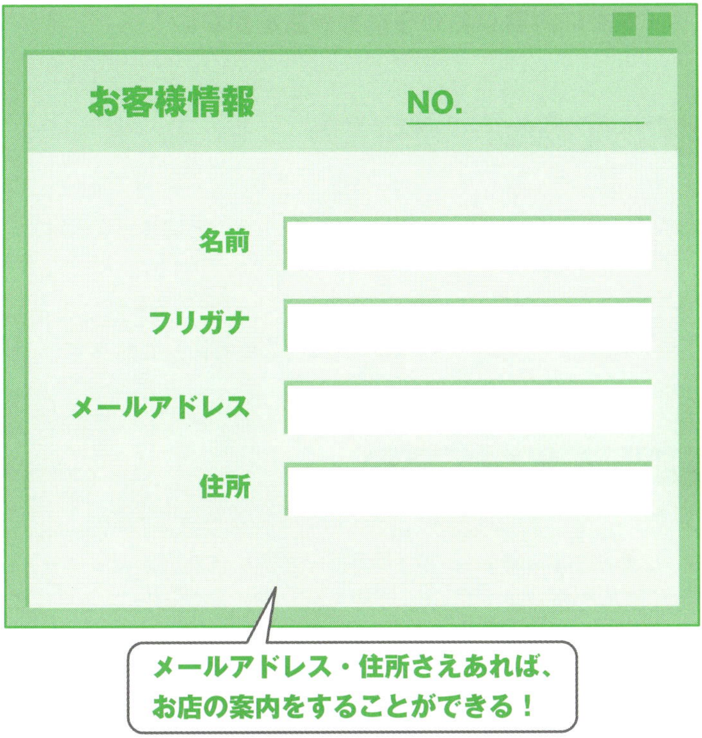

メールアドレス・住所さえあれば、
お店の案内をすることができる！

お客様自ら登録してくれるような仕組みを考えてみよう

57

販促物は「見やすさ」が重要

すぐに内容がわからなきゃ意味がない！

溢れる情報の中で伝えるには…

お客様の周りには、たくさんの情報が溢れています。街に出れば、ビルや電車内の広告、看板など。その他にも、テレビCMやネットニュース、SNSの投稿など、本当に多くの情報の中で生きています。ですから、興味のない、ダラダラとした情報に割いている時間などありません。つまり、伝えたい情報をお客様に伝えるには「端的に」「わかりやすく」見せる必要があるのです。

文章は短く！ 読みやすく！

まずは、お客様に短時間で情報を理解してもらう工夫をしましょう。販促物において気をつけるポイントは「文章を短くする」こと。お客様は本を読むようにじっくりと読んでくれるわけではありません。ですから、一息で理解できる短い文章が求められます。どうしても文字数が多くなる場合には、「改行」や「空欄」を入れ、読みやすくする工夫をしましょう。また、文字の色や大きさを変えたり、カッコで強調したり、伝えたい部分を絞ることも大切です。

新聞や雑誌にもヒントが満載

そうは言っても、短い言葉で言い切るのは、なかなか難しいものですよね…。そこで、新聞や雑誌の見出しを参考にしてみてはいかがでしょう。特にスポーツ紙などは、中身をじっくり読まなくても見出しを見るだけである程度の情報はつかめますよね。これらには、メルマガやDMに応用できるヒントが隠されているかもしれません。

読んでもらうための工夫

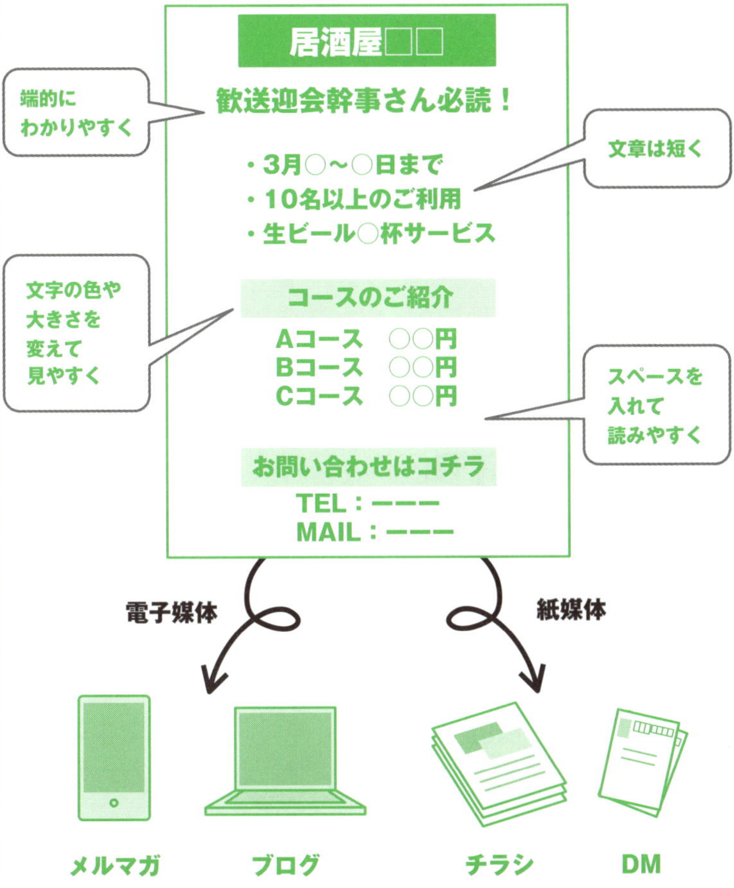

電子媒体も、紙媒体も、
「読みやすさ」の基本は同じ！

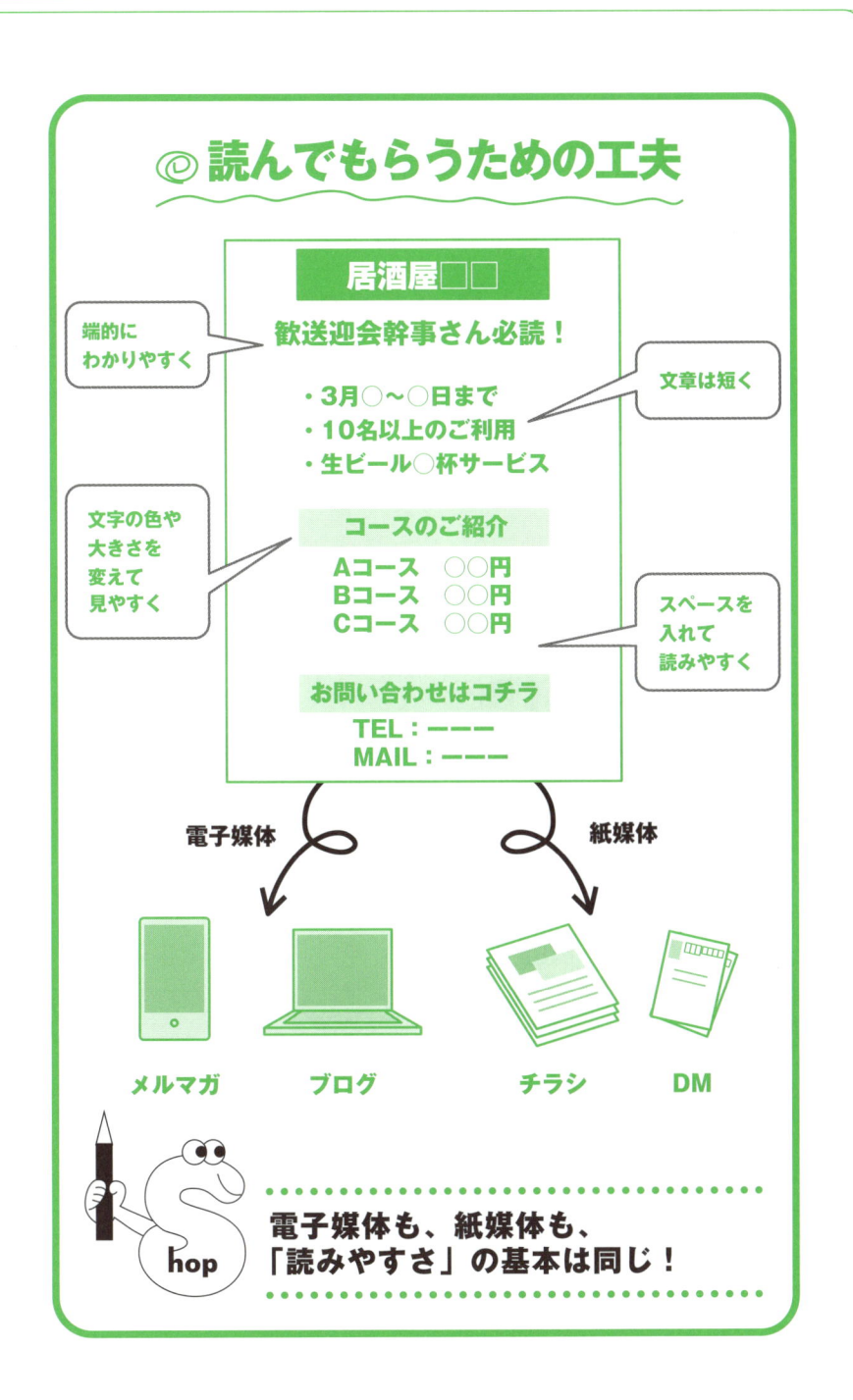

58

読んでもらえる「メルマガ」にしよう

負担なく読める！ 楽しんで読める！

配信頻度はどのくらい？

読んでもらえないメルマガは“迷惑メール”です。そうならないために、まず気をつけたいのは配信頻度です。多すぎるとお客様にとって負担になり、読まない習慣ができてしまいます。かと言って少なすぎると、お店のことを忘れられてしまいます。内容や業種にもよりますが、多くて週２回、最低でも月１回をオススメします。

「新しい情報」を入れる

お店の「売りたい」が先行した内容は、一方的すぎて、お客様には受け入れてもらえません。お客様にメルマガを読んでもらうには、必ず「読む理由」が必要になります。そのためには、まず「新しい情報」を入れること。例えば、新商品や新コース、キャンペーンやフェア情報、本日入荷した商品や素材、新しく導入した機材、新人スタッフの紹介、リニューアルした店舗など。毎回クーポンを載せるだけのメルマガでは、お客様も飽きてしまいます。「新しい情報」を入れることで、「読みたくなる」メルマガにしたいですね。

「名乗る」ことで親近感が増す

メルマガでは、配信側の心も感じてほしいものです。そのために有効なのが「名乗る」ことです。誰が書いているのかわからないメルマガは不気味で、感情移入できません。まず冒頭で名乗り、編集後記などで、最近体験したことやお店での出来事など個人的なエピソードを添えれば、グッと親近感が増します。

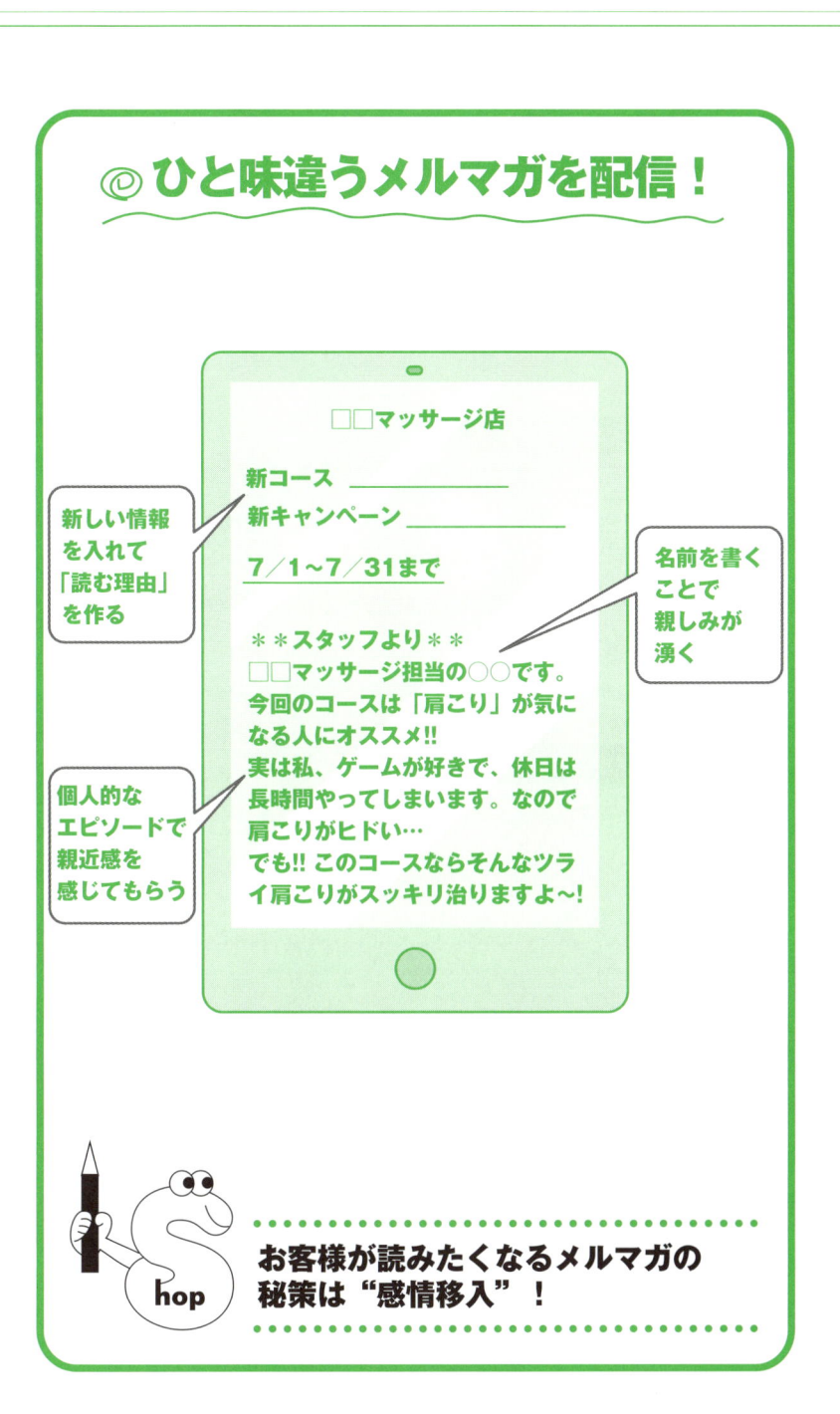

ひと味違うメルマガを配信！

□□マッサージ店

新コース ＿＿＿＿＿＿＿

新キャンペーン ＿＿＿＿＿＿＿

7／1〜7／31まで

＊＊スタッフより＊＊
□□マッサージ担当の○○です。
今回のコースは「肩こり」が気になる人にオススメ!!
実は私、ゲームが好きで、休日は長時間やってしまいます。なので肩こりがヒドい…
でも!! このコースならそんなツライ肩こりがスッキリ治りますよ〜!

新しい情報を入れて「読む理由」を作る

名前を書くことで親しみが湧く

個人的なエピソードで親近感を感じてもらう

お客様が読みたくなるメルマガの秘策は“感情移入”！

59

「SNS」の上手な活用法

定期的な情報発信がカギ

個人がメディアになった！

フェイスブック、ツイッター、ブログなど、ソーシャルネットワーキングサービス（SNS）が普及したことで、個人の情報発信が簡単になりました。今まで、マスコミの情報を受け取る側だった我々生活者が、それぞれ発信の場を持つようになったのです。これは、お客様が受信する情報の割合が変わったことも示しています。マスコミの情報以上に、個人発信の情報に触れる機会が増えているのです。

「感情エピソード」で共感を呼ぶ

フェイスブックやツイッターなどアカウントを持って、情報発信しているお店も多いでしょう。お店からお客様に発信するときには、単なる情報提供で終わるのではなく「感情エピソード」を入れましょう。例えば「○○して嬉しかった」「○○して楽しかった」など。人は感情に対して共感することが多いので、その部分を入れると効果的です。

「お客様⇔お客様」間の口コミは、話材が肝心

SNSでは、お客様とお客様の双方のやり取りがキモになります。お客様自身が発信メディアなのですから、自分のお店を取り上げてもらえれば良い広告になります。フェイスブックやブログは“口コミ”のツールにもなります。お客様という窓口を通して、これまで接点がなかったお客様にも自店を知ってもらうことができるのです。そのためには「話材」が必要です。店内で、お客様が発信しやすい「話材」を提供することが肝心です。

SNSを上手に活用するには？

**フェイスブック・ツイッターなどで
お店のアカウントを作成**

↓

スタッフで協力して、できれば毎日更新！

- 情報提供
- 感情エピソードを入れる
（嬉しかった、楽しかった…etc.）

↓

**フェイスブック・ツイッターで情報発信
していることをお客様に案内**

- 店内POPに載せる
- メルマガに書く　…etc.

↓

「いいね！」や「フォロー」で参加してもらおう

- お店としてより良いサービスを提供
- お客様が発信しやすい話材を提供　…etc.

**今まで接点がなかったお客様へも
アプローチできる！**

60

「口コミ」のしかけづくり

お金をかけずに広告できる最高の販促ツール

口コミの決め手は？

「ねぇ、これ見てよ！」と、ある女性が、友人にお店の話を始めました。「昨日ね、誕生日のお祝いをしてもらったのよ。そしたらね、私の名前が入ったメニューが用意されていて…」と女性は、カバンからハガキサイズのメニューを取り出して友人に見せました。これは良い口コミの典型的な事例です。口コミにはポイントとなる「3つの要素」があります。これらをそろえることで口コミが起こる可能性は高まります。

「話材」「感情」「グッズ」を用意

口コミの3つの要素は次の通りです。①話材：これは「お客様が話題にする内容」のことです。上記で言えば、「メニューブックに名前が入っている」こと。他にも、人とは違う体験、特別な体験、希少な体験、ギャップ体験、見た目にインパクトのあることなどが“話材”になります。②ホットな感情：これは、気持ちが高ぶることです。上の例だと、「自分のためだけにしてくれた対応」「他の人とは違う特別な対応」によって、気持ちが高ぶったのですね。気持ちが高ぶると人に伝えたくなります。自分で何かを「チャレンジ」したときなども、この感情になります。③グッズ：口コミをする際のサポートになるツール類や写真などです。なくても口コミは起こる可能性がありますが、グッズがあると話すタイミングができます。上記で言えば「メニューブック」がこれにあたります。SNSが普及している今、写真はグッズとして重要なアイテムになります。お客様が撮りたくなるようなモノやシチュエーションを提供できたらいいですね。

ロコミに必要な3つの要素

①話材

・人とは違う体験

・特別な体験

・希少な体験

・ギャップ体験

・見た目の
インパクト

…etc.

②ホットな感情

・自分のために
してくれたこと
への喜び

・自分で何か
チャレンジした
ときのワクワク感

…etc.

③グッズ

・名前入りの
メニューブック

・お店で撮った写真

・持ち帰れるモノ

…etc.

すべてがそろうと、
より強力なロコミにつながる！

61

「ニュースレター」を発行しよう

単調な内容にちょっとした変化を

メルマガと違って“手書き”にできる

ニュースレターは、お店の情報を紙面にして定期的にお届けするものです。お客様の住所に送ったり、店内や店頭で直接お渡ししたりします。これは月１回～３カ月に1回の発行でいいでしょう。また、メルマガとの大きな違いは「手書き」にできることです。写真やイラストを入れて、紙面を華やかに“魅せる”工夫をしてみましょう。

押さえておきたい４つのポイント

ニュースレターに入れ込みたい情報は、主に次の4つです。偏らないようにバランス良く配置します。①人柄情報：スタッフの人柄が伝わる内容がオススメです。②ならでは情報：ここでは、特にお店のウリや信頼性を伝えることです。③お店情報：来店や購入など、売上に結びつく情報を入れましょう。正直な話、ここが一番伝えたい内容ですね。④読んで得する情報：これは単体でも価値のある、まめ知識や占い、クイズなどです。

ラインマーカーで見やすく、温かく

ニュースレターは、基本的には大量に印刷してどのお客様にも同じものを配ります。個別のメッセージなどはあまり入れません。個別にメッセージを入れていたら時間がかかってしまうからです。でも、そんなときには「ラインマーカー」がオススメ。紙面の中で特に伝えたい１、２カ所にラインマーカーを引いてみましょう。これは、手軽でありながら読みやすくなる上に、人の温もりを感じることができます。

どんな内容を入れる？

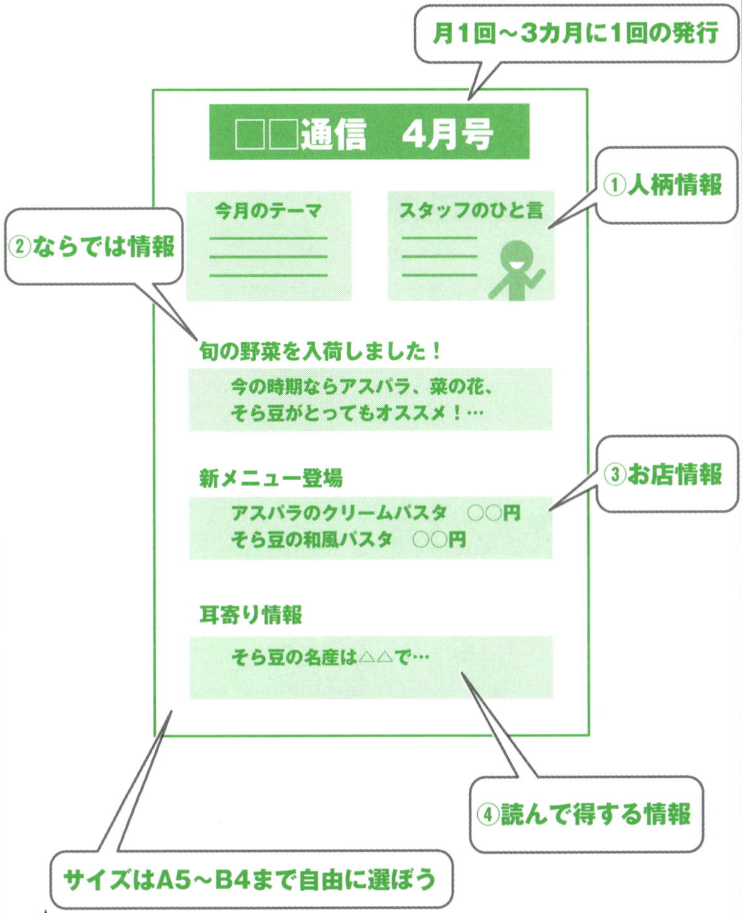

「手書き」にすることで、書いた人の想いや温もりが伝わる

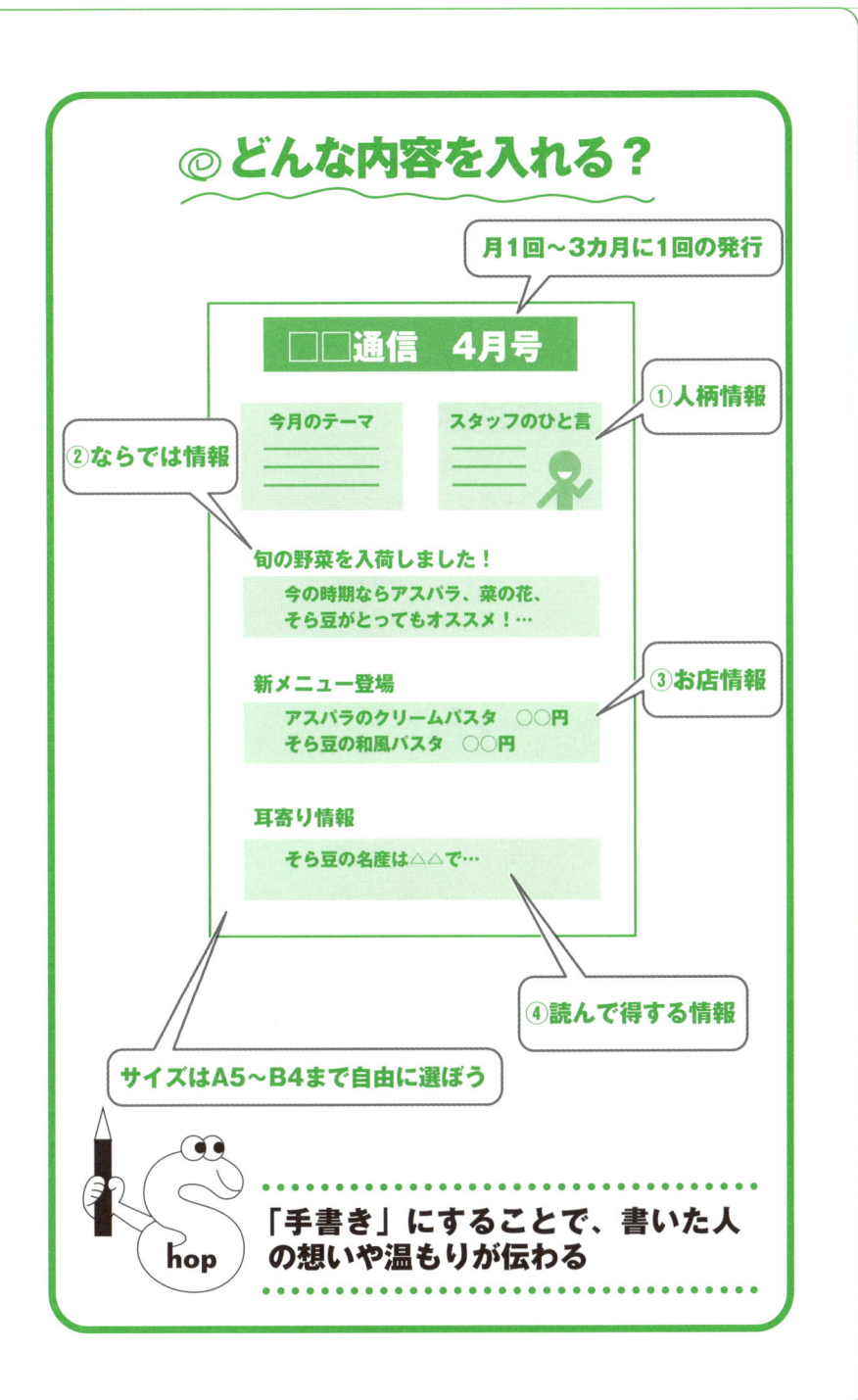

62

「DM」作成のポイント

売上につながる工夫をしよう

来店や購入を促すアイテム

ダイレクトメールの名が示す通り、DMはお客様に直接お届けする手紙です。商品やお店のイベント情報など、来店や購入を促すことを目的にしますので、ニュースレターよりも「売上」に近いツールです。ただ、売上が欲しいからといって、誰でもいいからやみくもに送るのではなく、お店とつながりの濃いお客様や、内容にマッチしたお客様に絞ってお届けするほうが効果があります。

4種類のDMを使い分ける

DMにもいくつか種類がありますが、ここでは4つ挙げます。①お客様中心：お客様のタイミングやニーズを中心としたDM。誕生日やポイントが貯まったときなどに出すもので反響率も高い。②お店中心：キャンペーンや新商品告知を中心にしたDM。新しいことや最近取り組んでいることなどを知って頂くことが目的。③休眠目覚まし：しばらく来店していないお客様へのDM。たまたまきっかけがなくて来店していないという方に向けて出す。④特別なお客様向け：限られたお客様だけにお知らせするDM。VIP会員様限定セールなど。

ペンの色を変えてひと言添えよう

DMは印刷物を使うことが多いですが、手書きのメッセージをひと言加えると読んで頂ける可能性が高くなります。年賀状でも、活字が印刷されただけのものより手書きメッセージがあったほうが目に留まりますよね。ペンの色を変えるなどしてちょっと目立たせましょう。

◎押さえておきたい4種類のDM

①お客様中心

・お客様の誕生日に合わせて送る

・ポイントが貯まったときに送る

…etc.

②お店中心

・キャンペーンに合わせて送る

・新商品が出たタイミングで送る

…etc.

③休眠目覚まし

・しばらく来店していないお客様向け

・お店の簡単な案内を送る

…etc.

④特別なお客様向け

・会員様向け

・会員様限定のイベント案内を送る

…etc.

誰でもいいから送るのではなく、
内容にマッチにしたお客様に送ろう

63

印象に残る「おみやげ」を渡す

来店後に何度でも思い出してもらうために

家に帰ってからも思い出す

お客様の手元に“お店のカケラ”を残しましょう。それを見たらお店のことをもう一度思い出してしまうものがいいですね。例えば、美容室で、お客様の帰り際に「今日使ったシャンプーです。1回分ですが使ってみてください」と、ちょっとしたおみやげをお渡ししたらどうでしょう。おみやげは単純に嬉しいですし、家で利用する際に思い出してくれるでしょう。

手元に残る「おみくじ」

「おみくじ」は印象に残りやすいおみやげのひとつです。おみくじは、日本人にとってなじみの深いものなので、お財布やカバンに入れて持ち歩いてくれる人も多いもの。友達同士で「大吉だったんだよ！」などと盛り上がることもできますね。ぜひ、お店オリジナルのおみくじを作ってみてはいかがですか？

「ミニレシピ」のおみやげ

パン屋さんでフランスパンを買うと、「フランスパンを使ったミニレシピ」という小さなカードを一緒にくれるとしたらどうでしょう？これは、野菜を挟んだり、グラタンに使ってみたりと簡単な「調理レシピ集」になっているものです。持ち帰って読むことができますし、それを参考にして料理もできます。お店のことを思い出すきっかけになりますね。このように、“お店のカケラ”をお渡しすると、何度でもお店のこと思い出してもらうことができるのです。

“お店のカケラ”には何がある？

「おみくじ」を引いてもらう

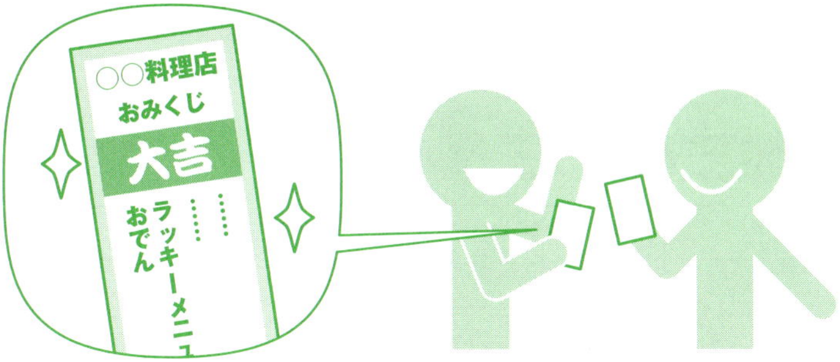

「ミニレシピ」をお渡しする

「おみやげ」はやっぱり嬉しいもの！
何を渡せるか考えてみよう

64 「持ち帰りたくなるモノ」を準備する

お店を忘れないでいてもらうしかけ

つい持ち帰りたくなるモノ

お店から渡さなくても、お客様が自ら持ち帰ってくれるモノはないでしょうか？　こちらから渡すとお客様は「持たされている感」を感じてしまうかもしれません。でも、お客様が自ら持ち帰ってくれたら、興味関心がある証拠ですね。次の来店につながる可能性があります。

捨てるのが惜しくなる工夫を

普通ならただの消耗品になるモノでも、手間をかけることで持ち帰りたくなるモノに変身させることができます。例えば、居酒屋さんの箸置き。これを和紙で手づくりするお店があります。色鮮やかな友禅和紙を使って、一つ一つ手づくり。特に女性に好評で、持ち帰るお客様が多いとのこと。他にも、飲食店での箸袋や紙のコースター。通常は絵柄かお店の名前がプリントされているくらいでしょう。でも、ここに店主さんからの心温まるメッセージが書いてあったらどうでしょう。「今日も1日お疲れさま」「楽しく呑んでイヤなことは忘れちゃおう！」など。ちょっと捨てるのがもったいなくなりますよね。

自作したものは持ち帰りたい

お客様に手づくりしてもらうのも一案です。例えば、自分のポイントカードに色付けをしてもらったり、お子様に塗り絵をしてもらったり。自分の手で作ったり、デコレーションしたモノはその場に置いて行くのはもったいないですから、持ち帰りたくなります。持ち帰ることで、何度でも思い出してもらえる可能性も上がるのです。

持ち帰らずにはいられない！

和紙の手づくり箸置き

塗り絵ができるポイントカード

お店の想いが一緒に伝わるからこそ、
持ち帰りたくなる！

P.
1
2
3
4
5

65

「家で再利用できるモノ」を用意する

お客様の生活の中に溶け込むような工夫を

日常生活の中に取り入れてもらおう

サイコロキャラメルを食べた後に、パッケージのサイコロを振って遊んだことがある方は多いのではないでしょうか？ ここで大事な視点は「再利用」です。お店で手に入れたものを、お客様の日常生活の中に取り入れてもらうのです。これが実現できれば、何度でも“お店のカケラ”を目にしてもらうことができますね。

再利用のイメージがわかるのが大事

再利用してもらうには、そのイメージがしっかりできることが大事。サイコロキャラメルのように用途がすぐにわかれば問題ありませんが、どう再利用すればいいか悩む場合には、こちらからわかりやすく「提案」してみましょう。以前、ホワイトデーのお返しギフトで、長細い缶に入ったチョコがありました。缶には説明書きがあり「食べた後はパスタ入れとしてお使い頂けます」とのこと。再利用のイメージができると捨てられにくく、お客様の手元に残りやすくなります。

「写真」にひと工夫をしてみよう

「写真」は特に捨てづらいアイテムです。ただの写真であれば、捨てられはしないまでも、しまわれてしまう可能性があるので、簡単なフレームをつけて飾れるようにしたり、カレンダーの日付と一緒にプリントして「飾り物」ではなく「実用品」に変身させたり。ちょっと工夫するだけで、お客様が日常的に目を向ける頻度を上げることができます。それだけでお店を思い出すきっかけも増えるのです。

ずっと使ってもらえるモノを

再利用できるモノ

日常で使えるモノ

**日々の生活の中に溶け込むような
アイテムが理想的！**

コラム5

COLUMN

失敗と成功を繰り返して前に進もう!

失敗しない方法は、成功しない方法

販促をするとき「失敗したらどうしよう」と不安で行動できないことってありませんか？ 失敗は怖いですよね。失敗したら自分自身が否定されているように感じてしまうし、お店にも迷惑がかかってしまうし…。でも、「失敗せずに前に進める人はいない」と私は思っています。何か新しいことを始めるときに、1回でうまく行くことはめったにありません。失敗するからこそ、新しい発見があって、成長できるんですね。

失敗は成功のためのプロセス

成功者の中に「私は失敗したことがない」と言う人がいます。その人はきっと人が失敗だと思うことを失敗と思わず、大きな成功をするためのプロセスと捉えているのでしょう。あのエジソンも、何度実験に失敗しても「実験の成果はあった。これら数千種類の材料がすべて役に立たないということがわかったのだから」と言ったそうです。

振り返りながら、日々前進しよう！

何かに取り組むときには、「狙い」をはっきりさせること。成果が出るように情熱を注いで、必ず「一生懸命に取り組む」こと。そして「振り返る」ことです。一番良くないのは、人から言われたまま何も考えずに取り組み、振り返りもせずに放っておくことです。私たちは何度も何度も失敗と成功を繰り返して、ほんの少しずつ前に進んでいます。私自身もそうやって、前に進もうと日々もがいています。ぜひ、一緒に前に進む取り組みを続けていけたら嬉しいです！

【著者紹介】

眞喜屋実行（まきや・さねゆき）

■—横浜国立大学経営学部を卒業後、食品スーパーのオーケー株式会社に入社。店舗勤務を経験した後、本社にて新規プロジェクトに参加する。その後、飲食店中心のコンサルティングを行う株式会社リンク・ワンに転職し、居酒屋・リサイクルショップ・豚料理店・焼肉店の店長職を歴任。新しいアイデアを積極的に取り入れた仕事が評価され、3年連続で優秀社員賞を受賞する。2009年、株式会社はぴっくを起業、代表取締役に就任。

■—現在は、販促サポーターとして活動。飲食店・美容室・リラクゼーション店・整体院・スイーツショップ・卸売業など幅広く販促活動をサポート。新事業や新商品のコンセプトづくりから、販促企画、ツール作成、実践までお店と一緒に取り組み、より成果が出るようPDCAのサポートを中心に行う。「心ぽかぽか」をモットーに、関わる人が温かい心で楽しく働けるような販促を提案している。

■—著書に『お金をかけずに売上を上げる［販促ネタ77］』『ひたむきな人のお店を助ける 魔法のノート』（ぱる出版）、『お客さまの記憶に残るお店のリピーターをつくる35のスイッチ』（同文舘出版）がある。

【株式会社はぴっく公式ホームページ】
http://haps.chu.jp/

販促の教科書

2013年5月29日　第1刷発行

著　者——眞喜屋実行

発行者——徳留慶太郎

発行所——株式会社すばる舎

〒170-0013　東京都豊島区東池袋3-9-7　東池袋織本ビル
TEL　03-3981-8651（代表）　03-3981-0767（営業部）
振替　00140-7-116563
http://www.subarusya.jp/

印　刷——株式会社シナノ

落丁・乱丁本はお取り替えいたします

ISBN978-4-7991-0247-3 C0030